智本论
003 ▶

智本社 —— 著

智本论·宏观转向

北京

图书在版编目（CIP）数据

宏观转向 / 智本社著. -- 北京：中国经济出版社，2023.1

（智本论）

ISBN 978-7-5136-7103-3

Ⅰ.①宏… Ⅱ.①智… Ⅲ.①中国经济-转型经济-研究 Ⅳ.① F123.9

中国版本图书馆 CIP 数据核字（2022）第 176225 号

责任编辑	张梦初　高　鑫　戴　瑛
责任印制	马小宾
封面设计	卓义云天

出版发行	中国经济出版社
印 刷 者	北京柏力行彩印有限公司
经 销 者	各地新华书店
开　　本	710mm×1000mm　1/16
印　　张	14.75
字　　数	200 千字
版　　次	2023 年 1 月第 1 版
印　　次	2023 年 1 月第 1 次
定　　价	65.00 元
广告经营许可证	京西工商广字第 8179 号

中国经济出版社 网址 www.economyph.com 社址 北京市东城区安定门外大街58号 邮编 100011
本版图书如存在印装质量问题，请与本社销售中心联系调换（联系电话：010-57512564）

版权所有　盗版必究（举报电话：010-57512600）
国家版权局反盗版举报中心（举报电话：12390）　　服务热线：010-57512564

序：追问

在这个时代，提出一个好问题比解惑更为珍贵。

2008年以来，我们经历了什么？金融危机、债务危机、政治民粹运动、经贸摩擦及逆向全球化、新冠肺炎疫情大流行、史诗级股灾、供应链危机、生育率断崖式下降及人口危机、国家冲突及战争、能源危机、粮食危机、国际秩序崩坏……世界，正滑入"马尔萨斯陷阱"吗？

每一个大问题都关系到人类的前途和个人的处境。但是，现代人追问能力的退化及网络传播下信息的泛滥，让问题变得复杂与神秘。

金融危机为何爆发，是美联储加息所致还是降息所致？是格林斯潘的问题还是美联储的问题？是美联储的政策问题还是制度问题？是监督制度问题还是全球央行及法定货币制度问题？全球央行及法定货币制度问题的本质又是什么？货币理论是否有问题？

显然，后危机时代，我们并未深刻认识到这些问题，以致金融体系不可挽回地恶化，货币沦为"公地悲剧"。集体行动如何避免"公地悲剧"？国家组织扮演了进步角色还是成为始作俑者？国家为何陷入"诺斯悖论"？

法国大革命后，民族主权国家成为人类进步的重要力量，国家现代化已是大势所趋。在全球化时代，民族主权国家与经济全球化是否会产生矛盾？当下，国家冲突是否与这一矛盾有关？全球一体化的认知是否有误？未来，国家组织如何演变？

为何有些国家经济增长快,有些国家则陷入停滞?为何有些国家的经济增长快但家庭财富却增长慢?这种经济增长模式是否可持续?当货币增速长期大于经济增速时,经济将走向何方?当经济增速长期大于家庭收入增速时,经济又将如何演变?

贫富分化是这个时代不可回避的问题。贫富差距的原因是什么?何处存在正当性和不正当性?货币政策是否加剧了不平等?福利主义是否破坏了公平竞争?

人口危机又是一大社会焦虑。生育率下降的合理因素是什么?

生育是否是必需品?额外因素是否增加了生育成本?老龄化的问题是养老问题、增长问题还是制度问题?通货膨胀、公共养老制度是否恶化了养老问题?

新冠肺炎疫情大流行搅乱了这个世界。传染病是不是人类社会风险的一部分?大流行是不是经济全球化风险的一部分?防疫是科学问题还是集体行动困境?科学产生于集体行动还是自发秩序?集体行动的制度变迁与自发秩序的自然演变如何契合?

困惑,亦是我写下百万字且继续写作的动力。长期以来,我追问的线索是经济学的思维,即个人经济行为。不过,经济学"埋雷"无数,同样需要不停地追问。

追问不止,笔耕不息。智本社,与思想者同行。

清　和

2022年6月,深圳

前言

全球化时代话语下，中国的经济发展与转型成为全球经济的重要组成部分。《宏观转向》承接上本书《国际秩序》，在秩序切换、经济交替的大背景下过渡到国内发展篇章。

本书关注中国所面对的全球宏观形势、宏观经济政策、实体经济转型升级、深化改革扩大开放等议题。全书共分为六章，包括"全球宏观""宏观政策""实体经济""建言献策""理论探索"和"大家治学"。

"全球宏观"主要关注2022年全球宏观经济变化。2020年新冠肺炎疫情暴发，全球主要国家央行实施极度宽松政策，引发全球大通胀。2022年欧洲地缘政治危机引发的全球能源危机，又火上浇油。美联储被迫实施历史级别的激进紧缩政策，全球众多国家央行跟进。美联储的紧缩政策推动的美元大涨以及能源危机引发的油价大涨，对全球宏观经济构成"双核"冲击，国际金融市场动荡不安，而"双核"冲击是判断2022年全球宏观经济走势的一个重要逻辑。

"宏观政策"主要包括货币政策和财政政策。在全球宏观经济大转向的背景下，本部分回归中国经济，关注宏观经济政策的调整。其中："货币：中美货币政策差异及其影响"分析两国实施不同货币政策的原因及其影响：美联储实施紧缩政策的主要目的是抗击大通胀，中国人民银行实行降息政策旨在稳经济大盘。"财政：经济大省挑大梁稳经济大盘"分析我国2022年上半年财政收支状况以及需要解决的问题。

"实体经济"关注中国实体经济的演变。中国立足于实体经济，大力发展制造业，为全球市场输出巨大产能，成为全球制造业大国。但同时，中国实体经济也面临一些挑战。本部分主要关注如何实现制造业技术创新、如何有效投资新基建、如何发展县域经济、如何化解房地产泡沫化四大主题。

过去40多年，中国积累了丰富的发展经验，当下，中国经济发展面临着新的国内情况和国际环境，需要新思路新方法。"建言献策"关注中概股的退市风波、金融开放和财税改革。"中概股退市风险的化解办法"从数据产权确权、离岸管理的角度讨论"中概股"集体退市风波。金融开放是中国平衡经济全球化与内部转型、平衡外溢性风险与内部稳增长议题中关键的一环。财税改革可以更有效地推进财政政策和降低地方负债率。

"理论探索"聚焦现实经济问题，探索经济学理论。本部分包括"货币大变局"上下两篇，主要关注2020年以来全球主要国家的货币政策转向，解析"货币政策为何引发大通胀"，思考货币及银行制度、货币理论等深层次问题，探索新的货币理论及货币制度。

"大家治学"介绍了中国经济学家张五常。张五常的学术生涯颇为传奇，他对经济学的研究观点独到、深入浅出。重要的是，张五常从20世纪80年代开始就研究我国的改革开放，著述颇丰，影响力大。

最后，期望读者能够在本书中获得知识与乐趣，以经济学的思维思考工作和生活中的现象与问题。本书如有疏漏之处，还望读者给予批评指正。

目录

全球宏观

这次不一样，警惕"双核"冲击　// 002

全球股债汇正遭遇"双核"冲击　// 017

全球经济进入最激进紧缩时期　// 029

宏观政策

货币：中美货币政策差异及其影响　// 044

财政：经济大省挑大梁稳经济大盘　// 062

实体经济

如何破解芯片难题？　// 078

如何投资新型基建？　// 092

如何发展县域经济？　// 105

如何走出地产困境？　// 118

建言献策

中概股退市风险的化解办法　// 132

扩大金融开放的步骤与路径　// 146

财政税收改革的历史与建议　// 164

理论探索

货币大变局（上）　// 180

货币大变局（下）　// 195

大家治学

狂生张五常　// 214

全球宏观

货币宽松的代价在紧缩时更加明显。2022年,通胀伴随着能源危机迅速袭来,欧美世界爆发了历史级别的大通胀。这迫使美联储的货币政策"急转弯",并实施近40年以来最激进的加息政策。

油价大涨和美元大涨给全球金融市场带来"双核"冲击,美债、美股、非美元货币纷纷大跌。货币狂欢宴中潜伏的"黑天鹅",能源危机和紧缩政策唤醒的"灰犀牛",导致全球宏观经济的走向愈加不稳定。

这次不一样，警惕"双核"冲击

主要观点：2022年3月，欧洲地缘政治危机引发全球能源危机，石油、天然气及大宗商品价格大涨；同时，美联储开始加息，美元指数上涨，意味着国际金融市场正式进入紧缩周期。

2022年，全球宏观经济遭遇"双核"冲击。所谓"双核"冲击，即美联储迫于大通胀实施的激进紧缩政策推动美元快速单边升值，以及欧洲地缘政治危机引发国际原油（粮食）价格大涨，二者相互增强，对全球金融市场造成了巨大冲击。

具体表现为：非美元货币大跌，全球债市大跌，债务风险高企，股票及房地产价格大跌。能源对外依赖度高、长期维持宽松政策的日本，陷入地缘政治危机和能源危机的欧洲，以及斯里兰卡、土耳其等部分新兴国家，受到"双核"冲击的影响更为严重。

01
日元之战

在"双核"冲击之下,日元成为全球开放经济体中表现最差的货币。

2022年4月28日,日本央行表示,将维持基准利率-0.1%不变,同时在工作日以固定利率购买无限量的债券,以捍卫10年期日债收益率0.25%的目标上限。这意味着日本央行执着于收益率曲线控制的宽松政策,将与美联储可能的加速紧缩政策进一步背离。市场闻风而动,日元对美元汇率迅速跌破131,创下了近20年来的新低。

日本央行是量化宽松的先行者和创造者。20世纪90年代,日本经济遭遇两次金融危机冲击,日本央行为了拯救经济,将银行隔夜拆借利率下调到零,率先进入零利率时代。2001年,互联网泡沫危机再次冲击日本,日本商业银行投资的股票资产规模大幅度缩水,资本充足率从2000年底的11.1%下降到2002年底的9.6%。日本央行为了拯救商业银行,实施量化宽松(QE)政策,成为第一个大规模启用量化宽松的央行。此举冲击了汇率市场,2002年4月,日元对美元汇率跌破130大关。

2007年,日本央行尝试退出量化宽松,但第二年又遭遇全球金融危机。此后,全球主要央行开启了超级宽松时代。之后,日本央行又探索了双宽松(QEE),采购日经股票指数ETF,实施负利率(NIRP),率先进入负利率时代。2009年到2011年期间,由于全球各主要央行都实施宽松政策,日元对美元汇率不仅未贬值,反而有所升值,维持在79~93。

2012年开始，安倍在其第二任期内推行"安倍经济学"，即通过货币宽松政策推动日元贬值以促进出口增长。安倍此举旨在为日本政府的财政融资，以缓解人口老龄化带来巨额养老金支出的压力。日本央行将货币政策目标指向收益率曲线控制以降低政府融资成本，这使得日本政府债务规模迅速增加，2019年，日本政府债务总额达1103.35万亿日元，政府债务占GDP比率达238%，为全球最高。同时，日元对美元汇率持续下跌，从2012年初的75持续贬值到2022年4月末的131，贬值幅度超过70%。

如今，日本央行从"最后贷款人"沦为了"最后的买家"。日本央行成为日本政府最大的债权人，国债占总资产的比重已上升到85%左右；也成为日本商业银行和股票市场最大的股东，是约40%日本上市公司的前十大股东之一。

2022年日元接连"大崩溃"，创下至少50年最长连跌，日元对美元汇率年内跌幅接近13%，仅在3月对美元贬值幅度就达到了7.9%，成为G10货币中对美元表现最差的货币。

这是两大因素叠加造成的：一为日本央行的货币政策与美联储的货币政策加速背离；二为国际原油价格上涨削弱日元。

日本央行坚持收益率曲线控制，10年期国债收益率只有0.1%~0.2%；而美联储采取紧缩政策后，美国10年期国债收益率从2022年1月初的1.5%快速上升到4月末的2.9%附近。在短短4个月内，美日10年期国债收益率利差从140 BP扩大到270 BP。美日利差与日元对美元汇率走势高度相关，是汇率市场重要指标。美日利差的迅速扩大，加剧了资本外流，使日元迅速贬值。

而"这次不一样"的真正因素是世界能源危机。日本是一个能源极度匮乏的国家，其能源对外依赖度高达88%。20世纪70年代两次世界石油危机均冲击了日本经济，引发了通货膨胀。但是，1979年石油危机引发的能源价格大涨，在1982年被美联储前主席保罗·沃尔克主导的强势美元所"驯服"。美联储高度紧缩，美元大幅度升值，石油及大宗商品价格迅速回落。在这场美元与石油的"价值大战"中，日本乘上美元之舟成为了胜利的一方，而原本依赖于资源出口的墨西哥、巴西等拉丁美洲国家成为了失败者。

不过，这一次情况或许不同。欧洲地缘政治危机引发了世界能源危机。美联储在2022年上半年连续两次加息，但国际原油价格"无动于衷"，截止到5月5日，WTI美国原油价格依然维持在107美元/桶。假如战争及制裁持续，美联储加速紧缩，却仍无法"驯服"能源价格，那么全球货币市场都将面临一次严峻的考验。当美元这艘"诺亚方舟"变成"独木舟"时，日本、欧洲将直面来自国际能源价格的冲击。这时，资本市场一边追逐美元，一边追逐石油，各国将抛售更多的本币。

糟糕的是，石油价格上涨与美元升值可能相互增强，合力冲击那些资产泡沫大、负债率高且能源对外依赖度极高的国家。

结果是，美联储紧缩，日本央行宽松，日元对美元汇率持续下跌；叠加石油价格上涨，日本需要兑换更多的美元来进口石油；而兑换更多美元，又加速日元对美元汇率持续下跌，进一步削减日元的对外购买力；日本不得不抛售更多日元，去追逐美元和石油……

5月4日，日本经济产业大臣萩生田光一在记者会上表示，日本资源有限，很难立即跟上欧盟步伐，不会禁止从俄罗斯进口石油。[1]

另外，欧洲地缘政治危机和能源价格上涨，推动了全球粮食价格

---

[1] 王珊宁.日本政府称不会禁止进口俄罗斯石油：日本资源有限[EB/OL].环球网，2022-05-05. https://world.huanqiu.com/article/47srUSBpknJ.

上涨。俄乌两国的小麦出口总量占全球小麦出口总量的29%，玉米出口总量占全球的19%，葵花籽油出口总量占全球的80%。这些重要的粮食生产及出口，均遭受战争和制裁的打击。同时，石油及天然气价格上涨导致运输价格和化肥价格上涨，进一步推高了全球粮食价格。

国际能源危机又触发了粮食危机。实际上，欧洲地缘政治危机爆发后的第二个月，小麦价格同比上涨了36%。世界银行2022年4月的《大宗商品市场展望》报告预测，2022年小麦价格将上涨40%以上，名义价格达到历史最高水平。而且，预计到2024年底，全球粮食价格仍保持历史高位。①

这对粮食自给率不足的国家，尤其是依赖俄罗斯和乌克兰粮食的国家来说，是一种巨大的威胁。日本的粮食自给率仅有37%，所以不得不支付更多的美元加大粮食进口，以应对危机。比如，日本经典食物荞麦面，其原料荞麦依赖于从俄罗斯进口，目前因战争因素价格上涨。

短期来说，进出口贸易与汇率相互影响，但长期来看，进出口贸易影响汇率走势。1981年到2010年，日本对外维持长期顺差，美元兑日元从1982年11月的277升值到了2011年11月的75。但是2011年到2021年只有三年是顺差，且部分年份逆差较大，这十年，日元也走入下跌通道。国际能源、粮食及大宗商品的进口价格上涨，将加大日本对外逆差，进一步削减日元的对外购买力，更加猛烈地冲击日元汇率。同时，进口价格上涨提高了国内物价水平，物价上升又进一步恶化了日元汇率。

---

① 世界银行.乌克兰战争引发的食品和能源价格冲击可能延续数年[EB/OL].世界银行官网，2022-04-26.https://www.shihang.org/zh/news/press-release/2022/04/26/food-and-energy-price-shocks-from-ukraine-war.

02
欧元之困

除日元外,贬值幅度较大的是欧洲货币。2022年3月1日至4月29日,英镑贬值6.5%,欧元贬值5.8%,丹麦克朗贬值5.9%,瑞士法郎贬值5.4%,挪威克朗贬值5.1%。

与日元类似,欧洲货币同样遭遇"双核"冲击,只是侧重点有所不同。欧洲货币的挑战更多地来自地缘政治危机,而非欧洲央行的主动操作。欧洲地缘政治危机引发了欧洲能源危机,进而演变为"能源战争"。

欧元是第二大"世界货币",国际储备市场占比约20%,国际支付占比约35%。欧元是唯一能够影响美元指数走势的货币,但在这轮汇率大跌中,欧元的跌幅是靠前的。过去十多年,欧洲央行的操作要比美联储更加谨慎与克制。不过,在克里斯蒂娜·拉加德担任行长后欧洲央行表现得过于"鸽派"。2021年第四季度,美联储开始退出宽松,欧洲央行的操作与日本央行更为接近,计划继续维持宽松到2022年底。这将导致欧元贬值。2021年,欧元对美元贬值6.9%,下半年跌势明显。

但是,给欧元及欧洲货币带来严重冲击的还是欧洲地缘政治危机。英格兰银行的加息操作要比美联储还早一些,但英镑的贬值幅度大于欧元。下面我们重点关注战争及其引发的能源危机给欧洲货币带来的挑战。

这场"二战"以来欧洲最大的地缘政治危机无疑驱使国际资本更多地流向美国市场。更重要的是,欧洲是一个资源贫乏地区,煤炭、石油、天然气高度依赖从俄罗斯进口。欧洲天然气的进口比例为90%，石油为97%。其中，从俄罗斯进口天然气占欧盟进口天然气的45%，从挪威进口的占23%，从美国进口的占6%，从卡塔尔进口的占5%；从俄罗斯进口原油占欧盟进口原油的27%，从挪威进口的占8%，从哈萨克斯坦进口的占8%，从美国进口的占8%。

战争爆发后，美国、英国、法国、德国相继宣布将逐步停止进口俄罗斯石油。2022年3月7日，荷兰TTF天然气价格近月期货创下345欧元/兆瓦时的历史最高价。不过，欧洲摆脱俄罗斯能源依赖的态度坚决。第二天，欧盟委员会就发布了《欧洲廉价、安全、可持续能源联合行动方案》，宣布实施欧洲能源独立战略，在2030年前摆脱对俄罗斯的能源进口依赖。

欧洲的主要麻烦在于天然气。2021年欧洲从俄罗斯进口的管道天然气和液化天然气（LNG）合计达到1400亿立方米。因此，欧洲的难题是如何找到规模如此巨大的替代气源。

第一是来自美国的液化天然气（LNG）。2022年3月25日，美国与欧盟达成了一项有关保证能源安全的协议。根据协议，2022年美国向欧洲追加供应150亿立方米天然气，将在2027年前帮助欧洲摆脱对俄罗斯的能源依赖。这一规模相当于替代了俄罗斯天然气出口的10%。

第二是增加挪威、荷兰、英国、阿塞拜疆、阿尔及利亚、卡塔尔和澳大利亚的天然气进口量。

目前，欧洲的天然气产能已经恢复到疫情前的水平，但增量空间有限。北非的天然气供应增幅也有限，大致为5%。所以欧洲主要依靠卡塔尔和澳大利亚，澳大利亚政府承诺今年内满足欧洲至少20%的天然气需求。

欧洲计划2023年将俄罗斯天然气进口量减少2/3，相当于减少1000亿立方米。短期内，以上两条渠道都无法弥补这一巨大的缺口：一是产能问题，美国一年的LNG才1000多亿立方米；二是成本问题，LNG的船舶运输成本远大于管道，全球也没有足够的LNG运输船来承接如此庞大的运输需求。

根据布鲁盖尔研究所测算，假设俄罗斯天然气供应量减半且进口其他替代气源的成本增加50%，那么欧洲2022年将为此付出250亿欧元的额外成本，天然气进口总额将达到3700亿欧元，为2019年的6倍，将管道天然气转变为LNG等减少对俄罗斯能源依赖的短期成本可能达到1000亿欧元。

所以，欧洲能源独立只能改变能源消费结构、寻求更多的其他能源替代品，可能存在以下几种替代方案：

一是石油替代方案。

全球石油储量丰富，价格比天然气更低，可替代性强，欧洲可以向美国、中东增加进口。页岩气革命爆发后，美国从石油进口国转变为出口国。如今，美国联邦政府正在敦促石油商增产。2022年12月，美国原油产量预计比2月增加逾100万桶/天，增产规模相当于俄罗斯原油出口的20%。另外，加拿大也宣布增加5%的石油出口，以满足欧盟的石油需求。

除了北美外，中东是欧洲石油供应的重要基地，沙特、卡塔尔、阿联酋的增产规模能够替代俄罗斯原油出口的40%，甚至更多。但欧佩克（OPEC）的态度很关键，该组织曾多次拒绝美国的增产请求，其中沙特的态度较为强硬。

另外两大产油国伊朗和委内瑞拉，正借助这次机会与美国加强谈判，有望摆脱部分制裁加入全球石油供应行列。委内瑞拉的石油储备量位居世界第一，已探明的储备量近3900亿桶。目前，美国正在与委内瑞拉协商石油贸易问题。美国因石油紧缺重启了与伊朗的核协议谈判，该协议一旦达成，伊朗可能开足马力出口石油。

欧洲计划完全摆脱对俄罗斯石油的依赖，如果天然气由石油替代，可能需要欧佩克、委内瑞拉和伊朗的三大石油供应基地同时发力。但如今这三方态度均充满着不确定性。

二是可再生能源替代方案。

可再生能源一直是欧洲能源发展的方向。在这场能源危机中，可再生能源没能扛起大任，但这个方向不会被否定，甚至会得到强化。欧盟预计，风电和光伏装机容量到2025年将翻倍，2030年达到目前的3倍，风能增加到480吉瓦时，太阳能增加到420吉瓦时，以替代1700亿立方米的天然气需求。同时，加速可再生天然气的开发，计划到2030年，生物质天然气产量每年能够增加到350亿立方米。

根据瓦锡兰集团（Wärtsilä）的一份新报告，如果将欧洲可再生能源的开发量增加一倍，达到每年80吉瓦，至2030年可再生能源发电比重将达到61%，可以使天然气消费比重下降一半，同时节省3230亿欧元的能源成本。

除此之外，欧洲还可能通过其他方式解决能源紧缺问题。欧盟计划提高能源利用效率，安装3000万台新的高效热泵，减少350亿立方米天然气使用量。预计美国和欧洲将加大可再生能源和能源效率改进方面的财政补贴，从而加速能源转型。不过，可再生能源和能源效率改进高度依赖于技术革新，这无疑充满着不确定性。

三是核能替代方案。

此前，核能是缓解欧洲能源紧张的重要能源。在福岛核电站泄漏前，核电占德国电力供应量的1/4。但该事件发生之后，德国及欧洲陆续关闭了核电站。如今，欧洲可能重启核电站，在增加核电供应的同时保持核技术方面的领先优势。此前极力反对核电的德国绿党也表示可以重启核电站，以摆脱对俄罗斯能源的依赖。

对欧洲来说，最大的难题不是长期的能源转型，而是眼前的能源短缺。通过上面分析，不论是增产方案还是替代方案，短期内都无法弥补不进口俄油俄气形成的缺口。且欧盟需要为2022年冬天做准备，提前储备天然气和石油。这场战争的未来不可知，但欧洲摆脱俄罗斯能源的趋势不会变。目前，欧洲企业购电协议（PPA）价格较2021年下半年出现较大幅度上涨。其中，英国上涨了7.6%，丹麦上涨了16.7%；光伏电整体上涨了5.7%，风电整体上涨了9.4%。

同样，欧洲也面临粮食价格上涨的挑战。乌克兰是欧洲的"粮仓"，但这场战争严重地打击了乌克兰的粮食供应。同时，乌克兰也禁止了小麦、燕麦等农产品的出口。

欧元面对的真正挑战是如何维持无俄油气情况下的货币信用。其实，欧洲2022年第一季度的经济增速并不低。以欧元计价，欧盟的实际同比增速为5.2%，欧元区为5%。其中，法国为5.3%，德国为4%。但是，如果换算成美元，由于欧元对美元贬值，法国第一季度的GDP同比下降了60亿美元，德国只增加了33亿美元。

可见，整个欧洲都面临资产重新定价的风险。欧洲央行不得不跟进紧缩政策，以减缓欧元贬值的步伐，最大限度地避免受到"双核"冲击。

03
美元之外

这场"双核"冲击造成了两个"不一样":

第一个"不一样":美元指数单边上涨,非美元货币基本对美元下跌。美元指数从2021年6月初的89持续上涨到2022年4月底的103;仅4月,就上涨了4.8%。

第二个"不一样":日元、欧洲货币首当其冲。

"双核"冲击的视角更好地解释了这两个"不一样"。但不能忽视的是,在主要经济体中,美国是唯一一个能源和粮食双出口国。这种优势强化了美元的地位。

"双核"对美元之外的国家的冲击呈非均衡分布,非美元货币对美元贬值幅度存在差异(2022年3月1日至4月29日):

第一档:日元。日元贬值11.8%。

第二档:欧洲货币。英镑贬值6.5%,欧元贬值5.8%,丹麦克朗贬值5.9%,瑞士法郎贬值5.4%,挪威克朗贬值5.1%。

第三档:亚洲货币。在岸人民币贬值4.5%,韩元贬值4.8%,泰铢贬值4.4%,马来西亚林吉特贬值3.5%。

第四档:大洋洲货币和加拿大元。澳大利亚元贬值1.3%,加拿大元贬值1.4%,新西兰元贬值3.5%。

特殊档:长期对美元贬值的新兴国家货币。土耳其里拉贬值7.2%,2021年11月贬值28%;阿根廷比索贬值7.4%,2019年8月贬值27%,此后每月贬值幅度为1%~4%。

在美元之外的经济体中,包含以下因素更易招致"双核"攻击：持续宽松政策、资产泡沫高、负债率高、能源对外依赖度高、粮食自给率低、出口大幅度下滑或逆差扩大。反之，汇率的安全边界要高一些。

斯里兰卡这个国家几乎匹配了上面的所有条件。欧洲地缘政治危机引发的能源危机是压倒这个岛国的最后一根稻草。2022年，斯里兰卡汇率崩溃，通胀高企，债务爆雷，能源、粮食及药品短缺，爆发了一场人道主义危机。

阿根廷是一个经济反复崩溃的国家，自1982年债务危机以来一直没能走出困境。2022年以来，阿根廷食品价格已累计上涨20.9%，累计通胀率超过16%，过去12个月的累计通胀率超过55%。2022年前四个月，阿根廷央行已四次加息，基准利率上调至惊人的47%，但仍无法阻止通胀高企和汇率下跌。

土耳其满足以上多数条件，在2021年就爆发了两次股债汇危机，如今正处于市场快速出清中。

反过来，在本轮紧缩中，资源型国家、出口扩张国家的汇率下跌幅度要小一些。能源危机和粮食危机制造了资源出口红利，其中澳大利亚、加拿大、巴西、墨西哥均受益。按价值计算，2020年澳大利亚出口量最大的商品是铁、煤、石油、黄金和铝，合计占出口总额的63%。同时，澳大利亚还是主要的谷物出口国，中国2022年大量采购澳大利亚和北美的小麦以替代乌克兰谷物。加拿大的情况与澳大利亚类似，资源和粮食出口支撑着澳大利亚元和加拿大元。新西兰是农产品出口国，同样受益于粮食价格上涨。

巴西在2022年3—4月再次上演了20世纪70年代的"剧本"。巴西是一个资源出口国，在70年代大通胀时，凭借资源出口赚取了大量美元。但是1982年，美联储快速加息，资源价格大跌，贸易顺差变逆差，巴西陷入了债务危机。如今，美联储加息，但油价及资源价格依旧坚挺，巴西仍享受着资源出口红利。2022年3—4月，巴西雷亚尔对美元汇率不仅没有下跌，反而上涨了4.2%。巴西的基本盘比阿根廷好，但不如澳大利亚和加拿大，2021年通胀率为10%，远高于当年政府管控目标中值的3.75%。过去，巴西雷亚尔长期对美元贬值，于2020年3月单月下跌14%。至2022年4月末，巴西央行已多次加息，目前基准利率上调至12.75%。巴西央行需要防止能源价格下跌时再次出现1982年的债务危机。

越南是一个低调务实、渴望求变的国家。支撑这个国家的经济和货币的不是资源出口，而是"爆单"的商品出口。2022年第一季度，越南的出口额达到891亿美元，同比增长超过13%。世界银行最新报告预测，越南有望成为RCEP成员国中收入和贸易额增长最快的国家。2022年3—4月，越南盾对美元贬值只有0.6%，是表现最好的亚洲货币。

中国的情况是最特殊的，主要体现在外汇和资本管理制度上。不过，长期来说，人民币走势仍受汇率市场规律支配。从"双核"冲击的视角来看，中国需要关注两个方面：石油及粮食的自给率，短期资本流出及商品出口增速。

中国是世界第一大油气消费国，也是第一大油气进口国。同时，部分金属资源的对外依赖度偏高，如铁矿砂的对外依存度为64.7%、铜矿砂为92.9%、锰矿砂为95.9%、铝土矿为59.5%、镍矿为85.7%、铂为100.0%。其中，铁矿砂是第二大逆差品种，中国每年从澳大利亚、加拿大等进口铁矿砂超过600亿美元。另外，乙烯聚合物、环烃、二甲苯、钾肥对外依存度较高，其中二甲苯为50.5%、钾肥为43.0%。

中国的粮食供求长期处于紧平衡状态。2021年中国粮食产量6.83

亿吨，进口粮食1.65亿吨。其中，稻米、小麦和玉米三大主粮的自给率比较高，大豆、植物油、牛肉依赖于进口，棕榈油对外依存度为100%，大豆为83%，大麦为78%。乌克兰和俄罗斯是中国的主要粮食进口国，乌克兰10%的耕地是由中国企业耕种的。2021年，中国就大力进口粮食，大米、大麦、高粱、玉米进口增速均超过50%。

其实，世界各国的粮食需求依赖于全球化供应与生产。在此轮危机中，对外依存度越高的国家，粮食的进口费用越高，需要耗费的外汇储备越多。

再看资本流出与商品出口。人民币汇率主要靠商品出口支撑，2021年中国商品出口火爆，大量美元流入推高了人民币汇率。中国人民银行上调了外汇存款准备金率，试图抑制人民币过快升值。自2019年开始，中国人民银行不再对商业银行强制结汇，大量美元滞留在商业银行，最高达1.3万亿美元。2022年，中国出口增速高位下降，离岸人民币4月开始下跌，央行又下调外汇存款准备金率，通过释放更多美元流动性来抑制人民币过快贬值。

首先要关注人民币对美元汇率与美元指数的相关性。自2016年以来，人民币对美元汇率与美元指数高度相关。如果美元指数长期维持高位，那么离岸人民币走低的压力会增加。

2022年，欧洲地缘政治危机、能源危机和紧缩政策，实际上正在改变国际货币体系。著名的瑞士信贷分析师Zoltan提出布雷顿森林体系Ⅲ。他认为，大宗商品和政治正在改变美元的国际货币地位。[1]笔者认为有两个方面的变化值得关注：

一是欧美世界正在试图建立一个新的国际金融体系。

---

① 左丹·波扎.瑞信Zoltan Pozsar：货币、大宗商品和布雷顿森林体系Ⅲ [EB/OL].新财富，2022-04-30.https://mp.weixin.qq.com/s/jifesC9DyQlQAcao_UaH2g.

二是各国正在强化国家权力以加强对货币及金融体系的干预，提高粮食、能源及关键资源的自给率，为本国货币增加信用背书。

作为反制措施，俄罗斯表示，其向"不友好国家"供应的天然气，要用卢布结算。国家权力给本币寻找"应用场景"，以支撑本币的汇率。经此一役，主要国家将强化国家力量、关键资源与货币的紧密度和安全性。

其次要关注"双核"冲击相互增强带来的超预期风险。

2022年第一季度美国实际GDP环比下降1.4%，低于市场预期的增长1%，但这个成绩并不差，同比实际增长4.3%。这并不会改变美联储紧缩的决心，抑制通胀是美联储2022年的首要任务。

美联储5月放"鸽"，是不是最"鹰"的时候已经过去？美联储的紧缩政策到底会实施到什么程度？

在5月议息会议后的记者会上，记者问到这么一个问题：美联储要实现2%的通胀目标，供给问题是否需要率先得到解决？美联储主席鲍威尔称，美联储目标是解决需求过热问题，更关注剔除能源和食品价格的核心PCE指标。这意味着，美联储会紧缩到一定程度，旨在解决需求过度导致的通胀，不执着于打击能源、粮食供应问题引发的价格上涨。

这就意味着美元指数上升到一定程度和能源（粮食）维持高位将同时存在，如此很可能继续对全球宏观经济构成"双核"冲击，同时产生相互增强的效应。我们需要高度关注深受地缘政治危机和能源危机困扰的欧洲、日本以及特殊档的新兴国家。这些国家不得不抛售更多的本币，以追逐美元和能源、粮食。在这场"不一样"的危机中，资源贫乏国的货币、新兴国家的债券和房地产，以及特殊档国家的一切资产，更易遭到冲击。

全球股债汇正遭遇"双核"冲击

主要观点:在"双核"冲击下,国际金融市场难寻"避风港",出现严重的"资产荒"。除了美元、能源大宗期货价格大幅上涨外,多数金融资产下跌。市场价格严重分化:一边是能源供给制约和需求过热引发商品价格大涨;另一边是股票、债券和外汇价格大跌,成为金融市场的重灾区。

01
通货膨胀:美元、石油和商品相竞逐

当地时间2022年6月10日,美国劳工部公布的数据显示,5月美国消费者价格指数(CPI)环比上涨1.0%,同比上涨8.6%,同比涨幅创40年来新高。

数据发布后,金融恐慌迅速蔓延,美元指数和10年期国债收益率大涨,美国三大股指连续下挫。为何通胀超预期引发金融大震荡?

如今,美国金融市场存在一种道德风险。投资者害怕美联储激

进紧缩，美联储主席鲍威尔也担心激进紧缩引发金融市场崩溃。换言之，谁都想继续过宽松日子。美联储宽松政策不得不被通胀终结。投资者和美联储只能"祈盼"通胀轻一些，别被逼得走投无路。但是，数据出来后却发现无路可退，大通胀迫使美联储必须激进加息，不确定性由此增加。

在这轮"货币正常化"的过程中，美联储的表现可以判定为"失败"。笔者在2021年的文章里提到希望美联储在下半年加息，但拖到2022年3月美联储才仓促加息。如今，鲍威尔也后悔加息太晚了。耶伦财长则直接承认2021年对通胀的判断是错误的（通胀暂时论）。掌管美国货币与财政的两大技术官僚判断失误，后果极其严重。

同时，鲍威尔的操作也是投鼠忌器，几乎场场打明牌。2022年3月加息之前，鲍威尔就反复跟市场沟通，确保市场预期与美联储一致。5月宣布加息50个基点的同时不停地安抚市场，还导致了一场美股"合成谬误"。6月缩表同样没有"惊喜"。美联储在对市场挥大棒的同时又给牛奶糖，这种没有"惊喜"的明牌，难以在短期内控制通胀。

市场认定美联储不敢过度紧缩，事实也是如此，鲍威尔加息属无奈之举。鲍威尔的"行动的勇气"，比伯南克式有余，比沃尔克式不足；前者宽松行动，后者紧缩行动。

鲍威尔的分析不能说不对。他认为，当前的通胀，一部分是战争、制裁、供应链等供给制约导致的成本型通胀，另一部分是货币因素导致的需求过热型通胀。美联储对前者无能为力，能够解决的是后者（建议宏观经济学界不要混为一谈，二者属同一症状但不同病因，后者才是通胀）。

怎么区分？

美联储采纳的指标是美国商务部经济分析局推出的个人消费支出平减指数（PCE），尤其是剔除能源和食品价格的核心PCE。美联储认为该指标更能够反映真实通胀，也就是归他们管的通胀。2022年4月，核心PCE同比增长4.9%。假如美联储继续实施紧缩政策，核心PCE同比下降到2%，CPI下降到4.5%，美联储的抗通胀任务基本完成，CPI与核心PCE还差2.5个百分点就是白宫的责任，是石油因素导致的。

不过，鲍威尔忽略了一个关键因素，那就是市场博弈。

其一，美联储与投资者之间的博弈。

笔者曾说过，央行存在身份悖论，其既是公共机构又是市场交易主体，二者行为存在冲突。格林斯潘是一位热衷于市场交易的主席，十多年来与投资者过招无数。但最后一次，他失手了，酿成了次贷危机。此后，国会口诛，舆论笔伐，接连三任主席皆小心行事，使得美联储强化了公共机构身份。

鲍威尔是一个与格林斯潘截然不同的主席，他致力于信息公开，弱于预期管理，回避美联储作为最具权势的市场交易者的身份。美联储每次尚未开场就故意把底牌泄露给市场，使市场认为美联储忌惮市场。鲍威尔认为"石油推高的通胀不归我管"，这在理论上是对的，但市场会认为美联储不敢承担责任。如此，道德风险堆积，投资者不轻易压缩资产负债表，甚至等待美联储看跌期权出现进而抄底。

紧缩政策的逻辑，不是仅靠央行来抽水，而是"指挥"市场同步压缩资产负债表。2022年，美国广义货币为21万亿美元，美联储一年缩表不到1万亿美元。真正有效的紧缩是，美联储通过提高联邦基金利率、缩表以及预期管理，推动市场利率上涨，促使企业和家庭压缩资产负债表。这就是"永远不要与美联储作对"的内涵，但鲍威尔并没有带领美联储朝着这条路笔直地走。

其二，美元与石油之间的博弈。

20世纪70年代大滞胀期间，美国三任总统都将责任推给中东战争和石油商。时任美联储主席伯恩斯引经据典说明石油通胀不是美联储的责任。里根政府的财政部预算官员在蒙代尔的指导下做了一个数据模型，这个模型预测了一幅"美好奇景"：当美联储大幅度提高联邦基金利率时，美元持续大涨，国际资本会抛弃抗通胀大宗商品石油，进而大举买入美元以及美股。彼时，美联储主席沃尔克正是如此操作的。在经历了艰难的沃尔克时刻后，1982年冬天，"美好奇景"出现，国际资本从石油期货撤离转投美元及美股，石油价格应声下落，美股扬起长牛。

这里的内在逻辑是美元与石油的竞争关系。需要从两方面来理解：一方面，战争以及制裁构成了供给硬约束，是油价上涨的根本因素；另一方面，美元超发以及国际资本掌控的石油期货定价权，是油价上涨的货币因素。换言之，石油价格上涨，也有需求因素，即投资投机需求过热。当时，沃尔克不顾一切加息，国际资本重建对美元的信任，弱化了石油投机需求。如今，石油的货币泡沫远甚沃尔克时期，加息挤压的泡沫更大，鲍威尔拥有一定的操作空间。

接下来的6月、7月两次议息会议，美联储要拿出超出市场预期的加息决议，建议单次加息75个基点。

02
"双核"冲击：股票、债券、汇率均下跌

不少经济学家将这次美国大通胀类比为20世纪70年代的大滞胀，认为大通胀会延续很长时间，呼吁鲍威尔重拾沃尔克的"虎狼之剂"。

这两次大通胀有相似之处：通胀水平都在8%之上；凯恩斯主义均占领美联储，前为萨缪尔森主义，后为现代货币理论，美联储长期实施宽松政策；均因战争因素引发石油价格大涨，前为中东战争，后为欧洲地缘政治危机。

但是，二者的通胀成因也有很大不同：导致20世纪70年代大通胀的一个重要因素是布雷顿森林体系的崩溃。该体系的崩溃意味着美元违约，等同于美元信用崩溃，此后美元连续三次贬值。这是这次大通胀延续十年之久的主要原因。

在具体操作层面，鲍威尔需重拾沃尔克的"坚定不移"意志，但无须使用沃尔克"虎狼之剂"（将联邦基金利率提到20%之上）。为什么？

如今市场对美联储这个交易对手的认知，与70年代大为不同。70年代，投资者、经济学界和美联储均不认为通胀是美联储的责任。美联储的威望有限，市场更寄托于白宫通过加税和物价管制等方式缓解通胀。由于白宫三届政府治理多年无效，人们对通胀的预期已固化。沃尔克接手美联储时，市场对美联储的行动依然持怀疑态度——死马当活马医。

最后，沃尔克"坚定不移"的行动打击了市场的通胀预期，重

建了市场对美元的信任。如今，经沃尔克、格林斯潘的经营，美联储已成为最具影响力的交易者，它有责任有能力控制通胀已深入人心。美联储的货币政策几乎决定了经济周期，它的任何"风吹草动"都可能在市场上掀起腥风血雨。在美联储内部，当大通胀爆发时，控制通胀作为首要任务已成为"根深蒂固"的共识。这是沃尔克的政治遗产。

所以，鲍威尔若能重拾沃尔克的意志，使用格林斯潘的博弈法则，打压通胀并没有那么难。现在的问题是，鲍威尔手持重剑但无侠客之胆，缺乏打击通胀预期和道德风险的雷厉之风。

接下来，鲍威尔怎么操作决定了美国经济的走向。

2022年的盛夏，鲍威尔已退无可退。

之前，鲍威尔场场打明牌，市场轻松"减肥"，相当于双方一起掩耳盗铃。结果，2022年5月消费者价格指数（CPI）同比上涨8.6%，市场立即就崩溃了。不少华尔街投行预测，美联储将在6月或7月单次加息75个基点。预期上来了，如果美联储没有跟上，或者只是迎合预期，打压通胀将是艰难的。

另外，11月国会中期选举临近，拜登及民主党的支持率因通胀而持续下降。如果错过了这个夏天，鲍威尔及美联储将面临仅次于2008年的政治压力。当抗击通胀成为白宫和市场的共识时，鲍威尔只能超预期地背水"一战"。

5月加息后，市场乐观派认为"最鹰的美联储"过去了，"9月将终止加息"，现在看来，6月、7月和9月，才是美联储"最鹰"的时候。

接下来，美联储的紧缩操作，叠加高价的石油、原材料和粮食，将对全球金融市场发起一场更为迅猛的"双核"冲击。有没有可能出现像沃尔克时代的"美好奇景",即美联储加息促使国际资本从石油期货中抽离,油价下跌,打破"双核",股市反弹?假如欧洲地缘政治危机的局势没有根本改变,美元打压油价的可能性较小。主要原因是,鲍威尔可能会超预期地抗击需求过热引发的通胀,但无意冒险打压油价。这是"双核"冲击构成的条件之一。

在"双核"冲击之下,全球股债汇将无一幸免,美国的股市、债市以及其他经济体的汇市,都是重灾区。

2022年上半年,美股还没有到最凶险的地步。为什么?股市并不是美联储最关注的因素。美联储第一考虑的是通胀,第二是美债风险,然后才是股市风险。宽松时代,股市和债市是货币泡沫化最严重的市场。紧缩时期,股票下跌,尤其是科技股大跌,是市场出清的必然。沙特阿美市值逆袭苹果坐上头把交椅,是"双核"冲击下的代表作。如果没有出现熔断,美联储不会太关注股市。另外,2020年那场股灾已为美联储提供了经验,2008年金融监管建立的沃尔克法则起到了防火墙的作用,减缓了风险传递速度:从股市大跌到企业BBB级债务崩溃,再到企业倒闭和大裁员,经济最终陷入衰退。这个时滞给美联储提供了调整货币政策的时间窗口。

其他经济体的汇市,普遍遭遇"双核"的冲击。尤其是,作为传统避险资产的日元、欧元,被石油价格大涨打压,成为了风险资产。这促使美元指数大幅度单边升值,进一步打击包括日元、欧元在内的非美元货币。亚洲商品出口被澳大利亚、中东能源"猎食",亚洲货币被迫陷入"内战"。汇率大动荡带来国民资产重新定价的风险,一些长期且仍在实施宽松政策、资源匮乏又消耗大、债务风险高的国家容易出现股债汇"三杀"。问题是国际汇率风险(非美元风险)不是当前制约美联储实施激进紧缩的条件。

债市，才是真正的风险所在。美联储实施紧缩政策后，美国10年期国债收益率一度突破3.44%，创2011年以来的最高水平。国债收益率倒挂被市场认为是经济衰退的信号。其中的逻辑是，商业银行存贷款业务是通过借短贷长来操作的，如果国债收益率长期倒挂，市场短期利率可能高于长期利率，这会导致商业银行的存贷款业务陷入困境，最简单的理解是投资未来的信心下降，因此这成为了经济衰退的风险信号。

通胀是美联储终结宽松的前提，债市风险可能是美联储终结紧缩的条件。

03
货币幻觉：投资、消费、就业将降温

2022年上半年，美国经济处于高通胀强势复苏状态，就业市场非常火热。从美国前五个月的各项宏观经济数据均可确认这一点。进入下半年，华尔街对美国经济衰退、美联储无法实现经济软着陆的担忧越来越大。美国经济未来怎样，与美联储的操作直接相关。

市场的担忧是美联储会不会把金融市场整崩溃。笔者做一个简单的推演：假如6月、7月和9月，美联储实施近20年以来最激进的紧缩政策，其中一次加息至少75个基点，那么美国经济可能会出现这么几种情况：股灾（股市深度下滑）；货币幻觉破灭，宏观经济降温；债市风险骤升，突如其来的"钱荒"导致隔夜拆借利率和美债融资利率大涨；美国发生金融危机和经济全面衰退。哪种可

能性更大？

股灾，其实是不可避免的。尽管2022年以来纳斯达克股指已经跌去30%，但只要美联储还没收手，美股就还没到底。这次，美联储看跌期权的出现，即抄底的时机，取决于美联储停止加息的前夜，但美联储看跌期权能否再现是个未知数。

货币幻觉破灭是必然的。货币幻觉是欧文·费雪于1928年提出来的，是货币政策的通货膨胀效应。简单来说就是，在货币宽松时期，人们误以为自己有钱而扩张消费和投资，而忽视货币实际购买力变化的心理错觉。凯恩斯主义者用货币幻觉来解释货币和财政扩张是有效的，可以"刺激"私人投资和消费。后来，弗里德曼认为货币幻觉是"小把戏"，终究会破灭，即当企业主发现原材料和工资也上涨，家庭也发现物价上涨时，货币幻觉就破灭了。但现实中，货币幻觉并不容易破灭。尤其是货币持续超发时，市场会出现追涨情绪。

到目前为止，这轮大疫宽松引发的货币幻觉尚未破灭，主要表现在：联邦财政部给普通家庭发放万亿美元补贴，美国居民资产"多增"2万多亿美元，大疫之下消费火热，物价大涨；受需求刺激，企业扩大投资，增加雇佣，就业市场火爆，工资—物价螺旋上升，同时房地产投资火热，房价大涨。

接下来，美联储激进紧缩很可能刺破货币幻觉，导致消费、投资和就业降温。

先看家庭净资产。疫情两年，美国家庭净资产增加，在2021年第四季度创下新纪录。但是，2022年第一季度，股票大跌削减了美国家庭净资产，共减少5440亿美元，降幅约为0.4%，家庭净资产总额降至149.3万亿美元。

家庭净资产增长进入拐点，过热的消费可能降温。目前，已经出现消费降温的"蛛丝马迹"：沃尔玛及另外一家大型零售机构均表露出库存方面的担忧；国际航运研究及咨询机构德鲁里公司的Drewry发现，自2022年5月24日以来，运往美国的集装箱进口量下降了36%以上。①

其次，消费降温，投资也跟着降温，但抑制投资的最大因素还是美联储继续加息。目前，美国30年期的住房贷款利率已经上升到5.3%。尽管房地产市场依然火爆，但加息将进一步推高市场利率，投资成本与风险也水涨船高。

最后看就业。2022年5月美国失业率降至3.6%，非农新增就业为39万，较4月有所减少；4月的职位空缺数为1140万，低于前一个月修正后的创纪录高点1190万。各项就业数据非常景气，均进入峰值和拐点。随着消费和投资降温，以及沃尔玛等大型企业解聘疫情期间的"超员"，就业市场也将降温。

虽然货币幻觉破灭会促使美国经济降温，但经济不至于全面衰退。美国经济主要看消费指标，消费主要看就业指标，只要失业人数不会大增，经济就不会全面衰退。

接下来是债市风险骤升。这是市场最需要关注的，也是最有可能迫使美联储终结紧缩政策的风险信号。

2019年美联储主席鲍威尔将联邦基金利率提高到2.5%，美股摇摇欲坠，但最终让鲍威尔"缴械投降"的是债市。8月，美债收益率出现短暂的倒挂；9月，联邦财政部向债市发行一笔国债，市场突然出现"钱荒"，隔夜拆借利率和美债融资利率大涨。这迫使

---

① 朱雪莹.航运股崩了！货运量价齐跌，摩根大通发出衰退预警[EB/OL].华尔街见闻官网，2022-06-09. https://wallstreetcn.com/articles/3661547.

美联储紧急扩表5000亿美元缓解流动性危机，进而转向降息。

进入2022年下半年，美联储开始缩表，国债收益率已飙升至近10年高位；尽管美联储更多被动卖出住房抵押支持债券，但国债收益率还是倒挂。虽然2022年联邦财政部有意识地降低发债规模，但公共债务余额仍然突破了30万亿美元，前5个月新发国债3万亿美元，前4个月累计利息支出接近1500亿美元，比2021年同期增加了25%左右。随着美联储加息，美债利息还将持续增加，从6月到年底，美国还将有3.6万亿美元国债即将到期叙做，预计全年支付利息超过6000亿美元。美国财政部拍卖3个月期国债，得标利率1.640%，高于前次的1.230%。

在美联储加速紧缩期间，如果美债收益率倒挂，又撞上联邦财政部投放债券融资，那么，"钱荒"这只黑天鹅可能会起飞。

市场需要高度重视一项数据，即美联储隔夜逆回购资金。美联储的隔夜逆回购跟中国央行的操作是相反的，美联储用债券来收回金融机构的美元，期限为一天，利率为0.8%。这项数据近期大规模增加，连续创下历史新纪录，2022年6月14日，美联储接纳的隔夜逆回购资金达到2.213万亿美元。

2022年第三季度，美国个人住房贷款利率上升到5.3%，短期国债利率也有1.6%，为什么金融机构不愿意对外放贷，而要将数万亿美元存入美联储，赚取微利？

一种可能的市场担忧是，美国金融机构对外放贷缺乏信心，避险情绪持续增加，这很可能导致金融市场突然遭遇"钱荒"，即流动性危机。

首先，这笔资金规模太大。2.2万亿美元什么概念？超过美国广义货币总量的10%，超过美联储两年缩表的规模。尽管时间只有一天，但反复叙做，会长期占用这笔资金。其次，这笔资金规模快速扩大，屡创纪录。最后，美联储是被动的，金融机构是主动的。这次操作相当于为金融机构兜底，实际上容易诱发道德风险，如果哪天金融机构集体"躺平"把钱存入美联储，美联储就面临推毛线困境，只能亲自放贷或扩表来救市。

如果"钱荒"这只黑天鹅到来，意味着美联储紧缩政策终结，还可能转向宽松操作。爆发金融危机或经济危机的可能性不太大，因为美国家庭和企业资产负债表比较健康。当然，也要看美联储的救市行动。美联储也可能面临一种两难情况：大通胀转化为大滞胀，即通胀、股灾和债市风险齐发。届时，美联储可能会采取另类扭曲操作：维持联邦基金利率抗通胀，降低隔夜拆借利率和启用借贷便利工具救债市。但是否有效，天知道。

这次不一样，警惕"双核"冲击。

参考文献

[1] 布莱恩·多米特诺维奇.供给侧革命[M].朱冠东，李炜娇，译.北京：新华出版社，2016.
[2] 欧文·费雪.繁荣与萧条[M].李彬，译.北京：商务印书馆，2014.

全球经济进入最激进紧缩时期

主要观点：2022年下半年，美联储、英格兰银行、欧洲央行全球三大央行均实施激进加息政策，全球经济进入最激进紧缩时期。美联储的首要任务是抗击通胀，同时兼顾美债风险；欧洲央行的首要任务是拯救欧元区核心国以及提振欧元。在全球流动性紧缩和能源危机之下，亚洲国家的进口能力普遍受本币下跌和进口价格上涨制约；亚洲国家的商品出口需要关注欧美经济复苏动力衰减引致出口增速下降。

"让鹰飞一会儿。"

北京时间2022年9月22日周四凌晨2点，"靴子"终于落地，美联储公布9月利率决议，宣布加息75个基点，将联邦基金利率目标区间推至3%~3.25%。

这是美联储连续第三次大幅加息75个基点，过去6个月5次加息累计300个基点，创下美联储40多年来最激进的加息纪录。

2015年开启的这轮加息，历时36个月，加息9次，累计只有225个基点，联邦基金利率终点为2.25%；2004年开启的这轮加息，历时25个月，加息17次，累计425个基点，联邦基金利率终点为5.25%。如今无疑是美联储自沃尔克时代以来的最"鹰"时期。

利率决议公布后，美元指数再创新高，盘中升至111.73。非美元货币纷纷跌入历史性低位：英镑兑美元跌触1.1236，创1985年以来新低；欧元兑美元跌触0.9813，为2002年以来新低；离岸人民币跌破7.1关口，触及7.102；美元兑日元跌触144.6，为1998年以来的最低水平；美元兑韩元跌触1400，为2009年以来的首次。

美股三大指数尾盘杀跌，道指跌1.7%，纳指跌1.8%，标普500指数跌1.71%。不过，欧洲三大股指纷纷上扬。亚太股市普遍走低，恒生指数下跌1.61%，盘中破18000，为2011年12月以来首次；沪指跌0.27%，深成指跌0.84%，创业板指跌0.52%。

01
美联储首要任务是抗击通胀

进入9月，全球股债汇市场"大气不敢喘"，竖起耳朵听美联储的加息决议，市场情绪与前四次加息决议时相比悲观不少。

前四次加息，市场普遍误解了美联储，认为美联储不敢大幅加息，鲍威尔比投资者更怕误伤股市。每次利率决议公布后，股票市场都喜闻符合预期的加息，甚至乐见经济衰退信号，等待美联储看跌期权的出现。这是美联储长期惯出来的道德风险外溢，也是2022年鲍威尔预期管理失败的结果。

为了扭转预期管理上的被动，鲍威尔在8月25日的杰克逊霍尔全球央行年会上"鹰声嘹亮"。全球央行年会是全球货币政策的风向标，历史上几次转折性的货币政策都是在这里宣布的，主要是宽松政策。但是，鲍威尔"黑色8分钟"的演讲告诫市场："历史经验强烈警告我们不要过早放松政策。"

美联储"放鹰驱鸽"收获奇效，直接击溃了美股6月以来的"侥幸情绪"，市场对"鹰派"美联储重新定价，美股接连大跌；接着，美国8月CPI数据不及预期，9月加息75个基点成市场共识，股债汇遭受冲击。近期市场已充分"price in"加息75个基点，但"靴子"落地后，市场表现还是偏谨慎。主要原因有两点：

一是抗击通胀依然是2022年美联储的首要任务。

鲍威尔反复强调，"美联储当前的首要任务是将通胀降至2%目标"。笔者曾说过，美联储有双重使命，即通胀目标和充分就业；如果在大通胀和充分就业之间二选一，美联储定然优先选择抗击通胀。为什么？

正如鲍威尔在记者会上所说的那样，"坚决致力于降低通货膨胀。物价稳定是经济基石，缺乏价格稳定，经济就无法运转"。①

这是米尔顿·弗里德曼价格理论和哈耶克（价格）信息分权的基本逻辑，也是沃尔克留给美联储"根深蒂固"的货币操作经验，被主要国家央行奉为"铁律"。

从凯恩斯到萨缪尔森时代，宏观经济学家和央行官员都视通缩（失业）为大敌，认为通缩意味着资源闲置、债务崩溃，危害大于通胀。但是，70年代大滞胀冲击了他们的理论逻辑和学术地位，弗里德曼和沃尔克改变了宏观经济学家的认知。新凯恩斯主义者斯坦利·费希尔接过了萨缪尔森的衣钵，但也接受了价格理论，重新审视通胀的危害。

---

① Jerome·Powell. Transcript of Chair Powell's Press Conference September 21, 2022[R]. Federal Reserve Board, 2022-09-21.

费希尔被称为"央行之父",他从70年代大滞胀开始担任麻省理工经济系主任,后来担任过美联储副主席、以色列央行行长,培养了大批央行官员,其中包括美联储前主席伯南克。不过,我更愿意称他为"宽松央行之父"。

虽然这位"宽松央行之父"认为"通货膨胀的代价显然比失业的代价小得多"(可预期的通胀不会给经济带来损失);但他也不得不承认"事实证明,通货膨胀打乱了熟知的价格关系,并降低了价格系统的效率"。作为一位长期主管货币政策的央行官员,他明确强调:"不管出于什么理由,政策制定者都愿意通过增加失业来努力减少通货膨胀——以更多的失业换取更少的通货膨胀"[①]。这句话的结尾还特意加了备注:对于通货膨胀最可读的说明,见 Milton Friedman(米尔顿·弗里德曼),"The Causes and Cures of Inflation"。

以上信息说明美联储在大通胀面前"没得选"。鲍威尔在记者会上称,FOMC[②] 意识到,高通胀问题让美联储(在政策行动方面)处境艰难。[③]

具体看通胀数据:美国劳工统计局公布数据显示,2022年8月CPI同比上涨8.3%,低于7月的8.5%,但高于市场预期的8.1%;8月CPI环比上涨0.1%,高于市场预期的-0.1%,增速较前值的0%

---

① 鲁迪格·多恩布什,斯坦利·费希尔,理查德·斯塔兹. 宏观经济学(12版)[M]. 北京:中国人民大学出版社. 2017.
② 联邦公开市场委员会(The Federal Open Market Committee),隶属于联邦储备系统,主要任务是决定美国货币政策,透过货币政策的调控,来达到经济增长及物价稳定两者间的平衡。
③ Jerome·Powell. Transcript of Chair Powell's Press Conference September 21, 2022[R]. Federal Reserve Board, 2022-09-21.

小幅回升。

从历史数据看,这依然是历史级别的大通胀,美联储不敢松懈:与前值相比,通胀似乎有所缓和;与预期相比,这个数据超出了市场预期。"预期差是波动之源",这增加了美联储大幅加息的倾向和市场的担忧。

令美联储紧张的是核心CPI反弹。数据显示,8月核心CPI同比上涨6.3%,高于市场预期的6.1%、前值的5.9%;8月核心CPI环比上涨0.6%,高于市场预期以及前值的0.3%。

核心通胀率剔除了食品和能源价格,更能够反映市场的需求热度,而抑制市场需求过热是美联储抗击通胀的首要任务。只要核心通胀率居高不下,美联储就没有退路。

注意,美联储采纳的核心通胀率指标是美国商务部经济分析局发布的核心PCE,要盯死这个指标。本次议息会议,美联储联邦公开市场委员会(FOMC)预测2022年底核心PCE通胀预期中值为4.5%(6月预期为4.3%),距离2%的目标还有距离,预计到2025年底核心PCE通胀预期中值还能回落到2.1%的水平。

二是美国经济随着美联储激进加息而衰退的预期增强。

鲍威尔在记者会上说,若要处理好美国高通胀问题,肯定要承受痛苦,而遭受痛苦的程度将取决于实现美国通胀回落至2%这一目标的时间长短。

痛苦的原因是什么?利率抬升会抑制投资和消费,宏观经济增速下降,企业业绩下滑,失业率攀升,股票下跌,资产缩水,偿债压力增加,等等。

从第三季度开始,房地产投资呈下降趋势。9月中旬,美国30年期固定抵押贷款的平均利率达到6.25%。本次加息后,美国三大银行宣布把最优惠贷款利率上调75个基点，使其达到2008年以来的最高水平。虽然股债承受压力，但失业还不构成威胁。数据显示：8月非农就业增加31.5万人，高于预期的增加29.8万人，非农就业人数正好补齐疫情期间的缺口；劳动参与率上升引致失业率小幅回升至3.7%；时薪同比和环比增速略低于预期；职位空缺数上升至1120万。

本次议息会议，美联储FOMC也下调了经济增长预期：2022年底、2023年底、2024年底GDP增速中值分别为0.2%、1.2%、1.7%（6月预期分别为1.7%、1.7%、1.9%）；同期，失业率中值分别为3.8%、4.4%、4.4%（6月预期分别为3.7%、3.9%、4.1%）。

不过，鲍威尔还是强调，虽然更高的利率、缓慢的经济增长、走软的劳动力市场都对公众不利，但都比不上没有恢复价格稳定那么痛苦。

本次加息过后，美联储最"鹰"的时候过去了吗？

FOMC更新的点阵图显示，2022年剩下两次（11月和12月）议息会议，可能合计加息100~125个基点；2023年联邦基金利率的最高值为4.6%，高于市场预期。美联储决议是"一会一议"，需根据未来2个月的核心通胀率、美债收益率和失业数据来定。

02
欧洲央行需优先拯救核心国家

2022年第三季度，美联储、欧洲央行和英格兰银行全球三大央行"放鹰",紧缩力度历史罕见。

当地时间2022年9月8日,欧洲央行管委会会议决定大幅加息75个基点,三项主要利率中的再融资利率升为1.25%,边际贷款利率升为1.5%,存款利率升为0.75%。这是欧元和欧洲央行诞生以来最大规模的加息举措。

欧洲央行为何超预期加息?

与美联储类似,欧洲央行的首要任务是抗击通胀。欧盟统计局8月31日公布的初步统计数据显示,受乌克兰局势影响,欧元区能源和食品价格持续飙升,8月通胀率按年率计算达9.1%。欧元区能源价格同比上涨38.3%,是推升当月通胀的主因。从国别来看,欧盟主要经济体中,德国8月通胀率为8.8%,法国为6.5%,意大利为9.0%,西班牙为10.3%。

9月2日,俄罗斯天然气工业股份公司宣布,由于发现多处设备故障,"北溪–1"天然气管道将完全停止输气,这直接导致欧洲天然气和电力价格进一步攀升。当天,伦敦洲际交易所天然气期货价格开盘后一度升至2800美元/千立方米,增幅超过30%。

不过,与美国有所不同的是,欧洲经济正在遭遇由能源危机和美元紧缩引发的"双核"冲击:欧洲核心国工业产能受制约,德国出现贸易逆差,金融市场震荡,股债汇"三杀"。欧元兑美元汇价跌破平价位,最低触及0.98,为近20年来最低水平,有些分析师惊呼"欧元陨落"。

欧洲央行激进加息,直接目的是抗击通胀,更深层次的目的是拯救欧元区核心国、拯救欧元。

进入2022年下半年,欧元区经济持续下滑,连续跑输美国。欧元区8月综合PMI终值48.9%,预期49.2%,初值49.2%;制造业

PMI为49.5%，较上月下降0.6个百分点，连续7个月环比下降。德国制造业PMI只录得49.1%，低于欧元区整体水平，也低于美国同期的51.5%。

危险的是，欧洲当前所遭遇的能源危机和欧元贬值，正在对其经济结构尤其是制造业造成深远的冲击。对于能源严重紧缺的欧洲来说，一方面天然气价格不断上涨，削减了欧元的真实购买力；另一方面欧元持续贬值，又削弱了能源及原材料的进口能力。

作为欧元区核心国，德国凭借其强大的工业制造和出口实力支撑着欧元的核心价值。但是，能源危机和欧元贬值严重制约了德国的制造能力和供应能力。德国基尔世界经济研究所发出警告："由于能源价格高企，一场经济雪崩正在朝着德国涌来。"欧盟工业正遭遇一次"工业大转移"，德国制造业正上演一场"工厂大逃亡"。

首当其冲的是高度依赖天然气的化工产业。化工产业的天然气用量占欧盟工业消费量的24%；有机化学产品的缺口重创了欧洲的化工产业；化工巨头巴斯夫及一些化工厂已经停产或削减产能。除此之外，钢铁、机械、非金属矿产、有色金属、运输设备等工业产能也被削减。欧洲最大钢厂安赛乐米塔尔关停了法国和德国的中型钢厂；世界最大锌冶炼企业之一Nyrstar关闭了旗下的荷兰锌冶炼厂；美铝旗下位于挪威的电解铝厂减产了1/3；全球铝业巨头挪威海德鲁将于9月底关闭斯洛伐克的一家铝冶炼厂。

欧盟只能通过大幅度进口来填补工业产能的严重缺口。一方面大规模进口能源、工业中间品和制成品，另一方面出口能力受到约束，这导致欧盟和德国的贸易条件迅速恶化。

2022年受能源价格上涨和美元价格上涨的冲击，英国、德国、法国、意大利、日本、韩国的贸易逆差均扩大。第二季度，欧盟贸易出现1231亿欧元的赤字，这是欧盟近20年来最糟糕的贸易表现。

德国是一个传统的工业品出口强国，在疫情之前，常年维持每月190亿欧元至210亿欧元的贸易顺差。2021年7月，德国的月度贸易顺差仍保持在171亿欧元，但之后迅速下滑。2022年第二季度，德国贸易顺差下降至98亿欧元，较2021年同期减少329亿欧元。其中，5月德国出口1258亿欧元，进口1267亿欧元，出现10亿欧元的逆差。尽管后期德国将5月贸易余额修正为8.1亿欧元的顺差，但这依然是1992年以来德国贸易顺差的最低值。

能源方面，德国直接减少了对俄罗斯油气的进口，增加了对荷兰、挪威、美国的天然气进口；商品方面，德国减少了对欧盟的进口，大幅增加了对东盟、日韩和中国的进口。往年，德国主要净进口的品类是农作物、原油与天然气、矿物。2022年4月开始，德国的原油与天然气进口额迅速攀升，同时能源短缺打击了工业生产，工业品进口也被迫增加。

扣除能源产品，德国第二季度的工业品贸易逆差为174.1亿美元，明显加大了有机化学品、电机设备、金属制品、塑料制品的进口，前两项产品的贸易逆差分别扩大到143.8亿美元和–50亿美元。

进入冬季，欧洲的能源需求量增加，天然气和电力价格可能进一步上涨。Gas Infrastructure Europe数据显示，9月4日，欧盟天然气库存已经达到了81.92%，高于2021年同期的68.57%，已经完成欧盟委员会制定的11月前储气率达到80%的目标。按此库存量，欧洲可能能够惊险地越过2022年冬天，但工业用气依然无法保障。

预计通胀高烧将延续到第四季度。德国联邦统计局9月20日发布的数据显示，8月PPI同比上涨45.8%，是有史以来最大的同比增幅，远超预期值和前值；环比上涨7.9%，也是有史以来最大的环比增幅。其中，能源价格同比大涨139%，环比上涨2.4%。欧洲央行也上调了通胀预期，预测2022年欧元区平均通胀率为8.1%。

欧洲央行的激进加息能否拯救欧元区核心国？抑制欧元下跌短期内无疑可以提高欧元区核心国的进口竞争力，但欧元的真正支撑来自欧元区核心国的出口竞争力。德国经济面临的主要挑战是能源短缺，欧洲央行在这一方面作为有限，因此只能依赖于战争与政治因素，尤其是在寒冬来临之前战争结束。

另外，欧洲央行在7月加息时保持谨慎态度，其中一个原因是担心欧元区"边缘国"的债务风险。早在6月，受欧洲央行7月加息预期的推动，"边缘国"国债收益率纷纷大跌。为此，欧洲央行特意在加息之前召开紧急会议商讨应对债务风险之策。8月下旬开始，"边缘国"国债收益率再度大跌。截止到9月14日，意大利10年期国债收益率升至3.98%，希腊为4.23%，冰岛为5.76%，均高于美国10年期国债收益率。

不过，这次欧洲央行似乎没有把欧元区"边缘国"的债务风险放在首要位置，因为欧洲央行更为紧迫和重要的任务是拯救欧元区核心国，尤其是德国。只有彻底拯救德国经济，才能避免欧元区衰退和欧元"陨落"，才能真正挽救面临债务风险的欧元区"边缘国"。但毫无疑问，"边缘国"债务将更加危险。

03
亚洲出口国竞逐商品供应链

2022年9月第三周是全球"超级央行周",美国、英国、瑞典、瑞士、日本、巴西、土耳其等国央行如期公布利率决议。截止到第三季度,除了日本、中国、土耳其等少数国家外,全球主要国家央行都已进入紧缩通道。

在"双核"冲击之下,亚洲国家面临共同的机遇与挑战,这考验着各国央行官员。2022年亚洲国家经济出现一些共同特点:一是汇率普遍下跌,其中日元、韩元下跌幅度最大;二是进口受能源涨价和汇率下跌制约;三是出口贸易大增,但贸易逆差扩大。

2022年亚洲商品出口额大涨,主要是受到美国经济拉动,以及欧洲大通胀的进口替代刺激影响。在欧美大通胀之下,亚洲国家的汇率贬值在一定程度上推动了商品出口。不过,亚洲商品出口国多为能源进口国,能源价格大涨和汇率贬值又推高了进口成本,削减了出口制造业的利润。除了中国(进口增速远低于出口增速),多数亚洲商品出口国在出口增长的同时,贸易顺差缩小或贸易逆差扩大。即资源出口国"猎食"商品出口国。

亚洲商品出口国要高度关注美国和欧洲这两个大客户的经济动向。因为欧美制造业PMI与亚洲出口数据相关性强,欧美制造业PMI下降,通常中国出口增速也会下降。

中国物流与采购联合会发布的数据显示,2022年8月全球制造业采购经理指数(PMI)为50.9%,较上月下降0.3个百分点,连续3个月环比下降,并创出2020年7月以来的新低,表明全球经济复苏动能继续趋弱。8月，欧洲制造业PMI为49.5%，较上月下降0.6个百分点，连续7个月环比下降。同期，美国制造业PMI为52.3%，较上月下降0.3个百分点，连续3个月环比下降。

欧洲和美国的制造业PMI的走势与亚洲国家的出口增速下降的走势是一致的，其中中国、韩国表现颇为明显。8月中国对美国出口增速萎缩3.8%（7月为11%），为2020年4月以来最低水平；对欧盟出口增速则从7月的23.2%，下降到11.1%。如果美国经济随着美联储激进紧缩而衰退，亚洲国家对美国的出口增速也将下降，将切换到衰退交易模式。

不过，我们也需要拆开来看其中的差异。美国经济状况比欧洲好，通胀有所缓和，需求还是过热，但中国对美国的出口增速下降最大，8月录得负值。

另外一个数据更值得我们关注，那就是中国对美国的出口额占美国总进口的比重有所下降。从越南、印度对美国的出口数据来看，中国与印度和东盟国家在对美出口方面存在竞争关系。

越南海关总署统计数据显示，2022年8月越南对美出口额近100亿美元，前8个月对美出口总额达770亿美元，同比增长24.51%，增量达151.6亿美元。截至8月底，越南对美出口规模最大的三类产品分别是机械设备、纺织品、计算机及电子产品，同比增速分别为28%、22.6%、25%。

再看欧洲，受能源制约影响，欧盟的进口替代趋势非常明显。欧盟的进口缺口主要由东盟来填补，德国进口转移的需求主要由中国来满足。德国向中国扩大进口的产品多为产能被天然气约束的工业中间品，如化工、机电、汽车及其零部件，这些产业原本是德国的强势产业，但2022年德国向中国大量进口半导体器件、变压器、阀门轴承、机床、液压泵等产品。

2022年德国对中国的贸易逆差持续扩大，第二季度较2021年同比增长245%，增加178.6亿美元，几乎占到了德国全部贸易差额变动的一半。顺差主要由化工、机械、电子这三大产品形成。其中，化工产品中的内酰胺在第二季度对中国的进口额达122.3亿美元，第一季度仅为8.9亿美元，创造了119.7亿美元的贸易逆差。

中国2022年制造业投资的高增速主要受中游制造业的出口拉动，如通用设备、电气机械、钢铁、化工、计算机通信、汽车制造等产品出口均快速增长。其中，大量中间品直接销往欧洲，或出口东盟转销欧洲。8月，中国对欧盟的出口额超过了对美国的出口额。另外，中国对欧盟的出口额占欧盟总进口的比重变化不大。

能源危机强化了欧洲对东盟、中国的进口依赖，进而增加了东盟与中国的贸易额。上半年，东盟首度超越欧盟和美国，成为我国第一大贸易伙伴。欧盟从东盟增加进口，而东盟从中国增加进口。中国对东盟的出口商品主要是中间品，而东盟一些国家向中国进口中间品，加工后再出口到欧盟。

数据显示，2022年上半年，越南对欧盟出口236亿美元，前8个月对欧盟贸易顺差216亿美元，同比增长46.4%；不过，中国是越南最大的进口国，前8个月累计进口821亿美元，贸易逆差478亿美元，同比增长21.9%。8月，我国对东盟出口增速回落8.35个百分点至25.13%；对美国出口增速继续回落14.74个百分点至−3.77%；对欧盟出口增速回落12.09个百分点至11.08%。

值得注意的是，持续高通胀对欧盟经济的伤害是显而易见的，总需求下降会削减欧盟对东盟、中国的进口规模。

从2022年中国对美国、欧盟、东盟的出口数据可以看出，在欧洲市场，中国与东盟保持着合作关系；在美国市场，中国与东盟之间的竞争关系更为明显，这可能跟国际局势的变化有关系。

最后，自由市场的秩序无时无刻不在自我调整。关注宏观经济，参与市场交易，要深刻理解市场的适应与调节能力。

参考文献

鲁迪格·多恩布什，斯坦利·费希尔，理查德·斯塔兹.宏观经济学[M]. 12版. 北京：中国人民大学出版社，2017.

宏观政策

宏观经济学将货币政策和财政政策界定为宏观经济政策。在经济衰退或经济危机爆发时,实施怎样的宏观经济政策才真正有效?当经济复苏时,如何实现货币政策、财政政策"正常化"?

2020年到2022年,全球宏观经济跌宕起伏,历经疫情衰退、股债、经济复苏、能源危机、大通胀、经济复苏动能衰退。这轮经济周期中的货币政策和财政政策,无疑为研究宏观经济政策提供了重要的现实案例参考。

货币：中美货币政策差异及其影响

主要观点："双核"冲击是判断本轮紧缩周期中全球大类资产价格变动的重要逻辑。在"双核"冲击之下，全球主要国家的货币政策存在差异。美联储实施历史级别的激进紧缩政策，美元大涨，非美元货币大跌，全球股债汇"三杀"。中国人民银行则一次降准、多次降息，保持流动性充裕。中美两国货币政策相向而行的原因是两国宏观经济状况和货币政策目标不同，美联储紧缩的目的是抗击大通胀，中国人民银行则主要是稳经济大盘。

01
全球宏观经济的基本判断

（一）全球宏观经济在大通胀中复苏，而大通胀和紧缩政策又增加了衰退风险

2022年以来，全球经济在高通胀中复苏。美国通胀率创下1981年以来的最高水平，1—7月，美国CPI同比分别增长7.5%、

7.9%、8.5%、8.3%、8.6%、9.1%、8.5%；欧元区7月CPI年率终值为8.9%，续创历史新高，预期值与前值均为8.90%；亚太地区面临输入型通胀的压力。大通胀和紧缩政策增加了经济衰退风险。

（二）全球处于货币紧缩周期，三大央行同时实施激进加息政策

2022年3月，美联储加息标志着全球进入新一轮的货币紧缩周期。5月，美联储开始实施历史级别的激进紧缩政策。截止到8月底，美联储实现年内第4次加息，也是连续第2次加息75个基点，联邦基金利率目标区间上调至2.25%~2.5%。接下来的9月、11月和12月，美联储还有三次议息会议，预计联邦基金利率目标区间在2022年底将上调到4%~4.25%。

在本轮全球紧缩周期中，截止到8月底，已实施紧缩政策的央行有美国、英国、新西兰、加拿大、澳大利亚、巴西、阿根廷、欧洲央行；仍在实施宽松政策的央行有日本、中国、土耳其等央行。

（三）欧洲地缘政治危机引发了全球能源危机

2022年，东欧出现了一场巨大的地缘政治危机，同时也引爆了全球能源危机。上半年，石油、天然气、煤炭、粮食及大宗原料价格大幅度上涨，推动全球供应及消费品价格上涨。同时，欧美世界试图构建新的国际能源—金融体系。下半年，石油等大宗期货价格有所回落，金属和粮食期货价格下跌幅度较大。

总之，2022年全球宏观经济面临大通胀和高债务风险。美联储加息引致美元指数飙升，欧洲地缘政治危机引致石油及粮食价格大涨，二者对全球金融市场构成"双核"冲击。

02
中美两国货币政策的操作逻辑

美联储是影响2022年全球宏观经济走势的最大因素，紧缩政策是影响经济增长的最大不确定性因素。

美联储的货币操作周期影响着美国的金融周期。从投资的角度来说，"跟着美联储做交易"成为了第一原则。自格林斯潘时代开始，华尔街交易员就深刻地明白一个道理："别站在美联储的对立面。"2008年金融危机后，美联储对资产价格走势的影响愈加明显。美国经济增长缓慢，美股脱离宏观基本面掀起一波牛市，主要原因是美联储实施了宽松政策。2020年的股灾再次印证了"跟着美联储做交易"这一实用原则。

2022年，美联储开始实施紧缩政策，"紧缩交易"，即跟着美联储的紧缩政策做交易，成为了投资界的主流操作方式。因此，关注、理解和预判美联储的货币政策，是金融投资的关键步骤。

美联储的货币政策目标，主要是通胀率和就业率，即承担"双重使命"；同时加上金融稳定性，尤其是美债收益率曲线。

通胀率，通常用消费者物价指数（CPI）和核心CPI来表示；但美联储最关注的是个人消费平减指数（PCE）和核心PCE。PCE由美国商务部经济分析局最先推出，并于2002年被美联储的决策机构联邦公开市场委员会（FOMC）采纳为衡量通货膨胀的一个主要指标。2012年，美联储将核心PCE年率涨幅2%定为长期通胀目标。所以，关注通胀目标，主要关注核心PCE。

就业率，通常用非农就业人数、失业率、周初请失业金人数以及职位空缺数来表示。其中，失业率是最重要的指标，周初请失业金人数是即时的灵敏指标。美联储只将"充分就业"作为目标，没有明确就业率的具体数据。

金融稳定性，主要是证券市场（主要是股票和债券）的价格稳定。在债务风险高企的时期，美债收益率是美联储高度关注的指标。

这三个目标是平行的，其先后主次取决于美联储对经济形势的判断。2021年，美联储将充分就业置于通胀目标之前；2022年，美联储将抗击通胀视为首要任务。另外，这三个目标有时可能会相互冲突。2022年，大通胀和债务风险并存，牵制美联储的紧缩政策。

美联储的货币政策工具包括公开市场操作、贴现窗口和贴现率、存款准备金率、存款准备金余额利息（IORB）、隔夜逆回购协议（ON RRP）、定期存款（TDF）、央行流动性互换、国外常备回购便利（FIMA Repo）、常设隔夜回购协议（SRF Repo）九大类。美联储一般通过调整联邦基金利率和公开市场操作的方式来调节货币供应量和干预市场利率。

2008年之后，美联储设立了三类非常规货币政策工具：美联储作为"最后贷款人"直接向企业提供贷款；美联储通过大规模资产购买（QE），为金融市场提供流动性支持；美联储通过预期管理引导市场形成通胀预期，从而刺激投资和消费。

联邦公开市场委员会（FOMC）一年有8次议息会议，分别在1

月、3月、5月、6月、7月、9月、11月和12月召开。投资者需要高度关注这8次会议决议，包含利率决议、公开市场操作决策、经济预估等。

投资者需要理解美联储的操作工具、货币政策目标及具体指标。美联储根据所锚定的指标来调整货币政策，进而影响资产价格。投资者需要提前分析指标数据，预判美联储的政策，投资操作要走在美联储行动之前。这就是"跟着美联储做交易"的交易原则。

很多美国投资者相信"美联储看跌期权"，即美股崩溃之际，美联储降息释放流动性救市。反之，则是"美联储看涨期权"。对两个期权的"信仰"，反映了美国投资者长期"跟着美联储做交易"的经验。

需要注意"跟着美联储做交易"的原则并不是"真理"，并不完全有效，因为美联储也会犯错，会陷入两难境地，极端情况下货币政策也可能失效。

自2008年开始，央行的货币政策对宏观经济和金融市场的影响越来越大，但是每个国家的央行的信用、目标和作用不同，"跟着央行交易"不可能适用于每个国家。

中国人民银行的货币政策的总体目标是"保持货币币值的稳定，并以此促进经济增长"，具体包括稳定物价、充分就业、经济增长、平衡国际收支。

中国人民银行的货币政策工具主要有公开市场操作、存款准备金、再贷款与再贴现、利率政策、汇率政策、窗口指导、短期流动性调节工具（SLO）、中期借贷便利（MLF）、常备借贷便利（SLF）等。中国人民银行主要使用公开市场操作、存款准备金和中期借贷便利（MLF）来调节货币供应量。

中国的市场贷款利率是由商业银行在贷款市场报价利率（LPR）的基础上加点形成的。贷款市场报价利率（LPR）由全国18家商业银行在政策性利率（主要是MLF）的基础上加点形成，由央行授权的全国银行间同业拆借中心计算并公布。因此，央行可以通过调整MLF来调节LPR，进而影响市场利率。另外，利率政策、行政命令和政策性银行对市场利率或某些市场的流动性影响很大。

中国人民银行虽然对金融市场的影响也很大，但与美联储存在巨大差异。例如，2008年金融危机后，中美两国的央行均长期实施宽松政策，美股涌现一波牛市，但这种情况并未在中国股票市场上发生，中国只有房地产价格迅速上涨。

在货币扩张方式上，美联储通过量化宽松的方式直接将货币注入金融市场，推动了股票和债券繁荣；中国人民银行主要是通过扩张信贷的方式增加货币投放。

美联储的货币操作周期决定着美股呈现周期性特征，"跟着美联储操作"在美国金融市场上是成立的。中国人民银行的货币政策对股票市场的影响没有那么直接，中国股市表现出结构性而非周期性特征，因此"跟着央行交易"在中国股市上并不成立。

03
中美两国货币政策的差异

自2021年底开始，中美两国的货币政策开始相向而行。2021年11月，美联储启动缩减购债（Taper），开始减少货币投放，为紧缩政策做准备。12月，中国人民银行降息，下调1年期LPR 5个基点至3.8%。

2022年，两国货币政策加速分化。美联储3月开始加息，5月加息提速，6月和7月连续加息75个基点。截止到8月底，美联储实施了历史级别的激进紧缩政策，5个月内加息225个基点，已经达到了上一轮紧缩周期的加息总和，并将联邦基金利率目标区间上调至2.25%~2.50%。同时，美联储从6月开始缩表，每月拟减持475亿美元资产，9月开始增加到950亿美元。

中国人民银行则实施宽松政策，2022年1—8月，人民银行一次降准，两次下调政策性利率，三次下调LPR。

4月，下调人民币存款准备金率0.25个百分点。对没有跨省经营的城商行和存款准备金率高于5%的农商行，在下调存款准备金率0.25个百分点的基础上，再额外多降0.25个百分点。此次降准释放长期资金约5300亿元，降准后金融机构加权平均存款准备金率为8.1%。

政策性利率（MLF）1月下降10个基点，8月下降10个基点，合计下降20个基点至2.75%；1年期LPR利率1月下降10个基点，8月下降5个基点，合计下降15个基点至3.65%；5年期及以上LPR利率1月下降5个基点，5月下降15个基点，8月下降15个基点，合计下降35个基点至4.3%。

在实际操作中，商业银行的贷款利率下调幅度更大。以个人住房贷款为例，在8月降息后，不少城市的首套房贷利率降至4.1%，主流首套、二套房贷利率的均值分别为4.3%、5%左右，较2021年高点分别回落140个基点、100个基点。为什么实际利率的下滑幅度更大？因为商业银行的贷款利率是在LPR的基础上加点形成的，加点就是商业银行的空间，目前这个空间被压缩，加点数值比2021年高点要低得多。所以，实际利率下降的幅度要比LPR大得多。

中国人民银行公布的数据显示，2022年7月末，广义货币（M2）、狭义货币（M1）同比分别增长12%、6.7%，增速分别比上月末高0.6个、0.9个百分点；M2余额257.81万亿元，M1余额66.18万亿元。从同比来看，M2增速创6年新高，M1创2021年4月以来新高。

04
中美两国货币政策存在差异的原因

美联储是全球第一大央行，其实施紧缩政策标志着全球进入紧缩周期。截止到2022年8月末，全球主要国家央行已实施紧缩政策，只有日本、中国、土耳其等少数国家央行依然实施宽松政策。

为什么中美两国货币政策不同？

关于全球主要国家央行的货币政策，要有两点基本认知：

一是自2008年金融危机后，实施宽松政策是常态，如果不是因为大通胀或金融风险，全球主要国家央行均不希望实施紧缩的货币政策。

二是美联储的货币政策影响着全球金融周期和货币政策，如果不是出于本国经济状况的需要，多数国家的央行均希望顺应全球金融周期。

简单概括，美联储实施紧缩政策的目的是抗击历史级别的大通胀，中国人民银行实施降息政策的主要目的是稳经济大盘。

（一）美联储紧缩抗大通胀

2021年10月，美国CPI开始飙升。2022年，受能源价格上涨的推动，CPI持续攀升，最终爆发了历史级别的大通胀。1—7月，美国CPI同比分别增长7.5%、7.9%、8.5%、8.3%、8.6%、9.1%、8.5%。

美国物价上涨的原因包括两个方面：一是疫情、战争和制裁引发的供给约束；二是货币超发引发的需求过热。注意，美联储认为，抑制需求过热是货币政策的任务，因为他们对供给约束无能为力。

供给约束导致石油、粮食及原材料价格大涨，成本上升推动终端消费品价格上涨。从能源通胀数据可以看出，能源价格上涨是CPI上涨的主要原因之一。

2020年疫情全球大流行，美联储实施无上限量化宽松政策，联邦财政部大规模借债，导致需求持续过热，引发终端消费品价格和房地产价格上涨。扣除能源和食品价格的核心PCE更能够反映需求。2022年上半年，核心PCE飙升，最高时达到5.4，创近40年来的新纪录。从核心PCE数据可以看出，需求过热也是美国CPI上涨的主要原因之一。

2021年，美联储误判了宏观经济走势和通胀形势。美联储主席鲍威尔认为通胀是暂时的，还存在结构性失业。但是，2022年，经济过热，通胀飙升，房地产价格大涨，就业市场火爆。

2022年，抗击通胀是美联储的首要目标。从美联储的目标来看，就业率、通胀率和金融稳定性中通胀目标是首要的，金融稳定性其次，就业目标排在最后。

就业市场的火爆程度超出了美联储预期，工资快速上升，空缺职位大增，首次申请失业救济人数也大幅度下降，失业率在7月降至3.5%，接近历史最低值。因此，美联储2022年不需要担心失业，会更关注金融稳定性。

对于金融稳定性，宏观上要看基本面，微观上要关注美债收益率。

宏观上，从2020年下半年开始，美国经济持续复苏。2022年，美国经济是否衰退成为宏观经济界的主流话题。从同比来看，第一季度GDP实际增长4.3%，第二季度实际增长2.3%。从环比来看，第一季度下降1.6%，第二季度下降0.9%。按照宏观经济的定义，连续两个季度环比负增长，即为经济衰退。同时，制造业PMI、服务业PMI和消费数据均有所回落。截止到7月末，美国经济可以定义为技术型衰退，尚未波及就业市场，就业市场依然景气。

2022年，美国金融市场遭遇股债"双杀"。微观上，金融稳定性要关注的是美债收益率飙升，而不是美股下跌。在大通胀面前，美股若不出现熔断，美联储不会贸然终止紧缩进程。美联储真正担心的是美债大跌。当然，美债2022年没有违约风险，其风险要远远低于欧债和日债。但是，美联储担心美债市场出现类似于2019年的流动性坍塌。2022年，美国10年期国债收益率一度达到3.49%，创下自2011年以来的最高水平。同时，短期与长期国债倒挂是一种风险信号。美国10年期国债收益率是投资者和美联储都高度关注的指标。

最后看通胀。毫无疑问，通胀是2022年美联储最关注的目标，也是最艰巨的任务。

进入7月，市场争论通胀是否见顶。若通胀见顶，美联储最"鹰"时刻可能过去。但我们看7月的通胀数据：CPI同比增长8.5%，前值9.1%，预期8.7%。这是不是一个通胀见顶的信号？

通胀率回落的原因是什么？主要是能源价格下跌。7月，美国能源价格下跌4.6%，汽油价格下跌7.7%。扣除食品和能源价格因素后，核心通胀率依然居高不下。核心CPI同比增长持平于5.9%，环比增长0.3%。美联储最关注的通胀指标，即核心PCE，依然高企。

这说明通胀回落主要靠供给因素，即能源价格下跌；但与美联储货币政策直接相关的需求过热依然严重，核心PCE降到2%的任务依然艰巨。所以，抗通胀依然是美联储首要任务，只是CPI缓和可以提高美联储的施策空间。

（二）中国人民银行降息稳经济大盘

2022年上半年，疫情全国性暴发，上海及多地长期封控，工厂停工，物流受阻，宏观经济遭到冲击。第一季度经济同比增速4.8%，第二季度下滑到0.4%。制造业PMI、失业率、房地产等数据显示，宏观经济大盘需要货币政策支持。

具有更高传染性的奥密克戎毒株和更高级别的防控改变了经济增长的预期，投资和消费信心下降。7月，经济未延续6月的复苏态势，各项环比数据均有所回落，其中社会融资大幅度下滑，房地产市场持续不振。

数据显示，7月社会融资规模增量为7561亿元，比上年同期减少3191亿元，低于市场预期，市场预期为1.39万亿元。如果扣除票据融资冲量，7月企业贷款仅新增600亿元左右，社会融资增量降到5100多亿元。社会融资对于中国经济很重要，它是领先指标，决定着后期的经济数据。

2022年，中国银行间同业拆借利率持续下滑，进入8月更是加速下跌。这说明银行间资金富余，市场融资需求不足。

所以，2022年中国宏观经济政策的主要任务是稳经济大盘。上半年，央行降准和降息，大规模发行专项债和投资大基建，各地出台救市政策，目的是稳住经济大盘。8月，央行降息，降低融资成本，以提振社会融资，改善投资；同时，国务院常务会议推出接续政策，追加1万亿元财政资金，试图扭转经济回落的态势。

不过，我们需要解释一个数据：全国居民消费价格（CPI）。

2022年，中国CPI同比持续攀升，7月达2.7%。中国人民银行在《2022年第二季度货币政策执行报告》中指出，下半年一些月份CPI涨幅可能阶段性突破3%，强调"警惕结构性通胀压力"。

CPI主要由能源价格上涨和食品价格上涨带动。上半年，石油、煤炭及原材料价格大涨，推动了PPI飙升，导致与跟能源相关的成品油、交通、食品等价格上涨。下半年，食品价格，尤其是猪肉价格成为了价格上涨的重要因素。

从同比来看，7月，汽油、柴油和液化石油气价格分别上涨24.6%、26.7%和22.4%，涨幅均有回落；食品价格上涨6.3%，涨幅比上月上升3.4个百分点，影响CPI上涨约1.12个百分点。食品中，猪肉价格由上月下降6.0%转为上涨20.2%；鲜果和鲜菜价格分别上涨16.9%和12.9%；粮食、禽肉、鸡蛋和食用植物油价格涨幅在3.4%~7.4%。

问题来了：一边是经济增长较弱，另一边是CPI上升，中国经济是通缩还是通胀？央行要防通胀还是防通缩？

我们再看核心CPI。扣除食品和能源价格因素后，7月的核心CPI同比上涨0.8%，涨幅比6月回落0.2个百分点，是2021年4月以来最低。核心CPI显示不存在通胀风险,需要关注通缩。

所以,CPI上涨主要是供给端的问题,即能源价格上涨;而扣除食品和能源价格因素的核心CPI低迷,说明市场需求不足,需要提振经济。

结合起来,中美两国7月通胀数据具有迷惑性:美国CPI有所回落,但核心通胀率居高不下,说明需求依然过热,美联储首要任务依然是抗通胀;中国CPI上升,但核心通胀率低,说明需求不振,中国人民银行的主要任务是稳经济大盘。

05
中美两国货币政策差异的影响

2022年,全球金融市场遭遇"双核"冲击。"双核",即美联储紧缩政策推动美元大涨,地缘政治危机推动油价大涨,这是2022年影响全球经济的最重要的两个因素。

(一)美联储紧缩政策对资产价格的影响

美联储实施历史级别的激进紧缩政策,在全球金融市场上掀起巨浪,资产价格剧烈波动。

美元指数大涨:截止到2022年8月26日,美元指数年内上涨13%,最高触及109.3,创近20年新高。

美联储的激进紧缩政策是美元指数大涨的直接原因和主要原

因。同时，美元指数单边快速上涨的另一个重要因素是欧元、日元和英镑太弱。在美元指数构成中，欧元的权重为57.6%，日元为13.6%，英镑为11.9%，这三大货币因欧洲地缘政治危机、石油价格上涨和货币政策而走弱，反推美元指数大涨。美国是全球唯一的能源、粮食和货币出口国，在"双核"冲击背景下，它们共同推动美元强势上涨。

美元大涨及欧洲地缘政治危机促使国际资本更多地流入美国，国际投资者抛售股票、债券，增持美元、石油及大宗期货。

非美元货币纷纷大跌：截止到2022年8月26日，欧元兑美元年内大跌12%，跌破1:1平价，创近20年新低；英镑年内大跌12%，为1985年以来的次低；日元暴跌15.8%，为G20中表现最差的货币；离岸人民币下跌7%；韩元下跌11%；泰铢下跌7.5%；澳大利亚元下跌4%；加拿大元下跌2.3%。

相对来说，处于地缘政治危机附近、能源和粮食自给率低、长期实施宽松政策的国家的货币下跌幅度最大，如欧元、日元、英镑。能源出口和粮食出口正常的国家的货币下跌幅度较小，如澳大利亚元、加拿大元。亚洲商品出口国的货币价格则处于中间水平。

债券价格大跌：美国10年期国债收益率大涨，短期和长期国债倒挂。美国10年国债收益率在2022年6月一度触及3.5%，8月26日回落到3.04%，而2021年末仅为1.51%。

紧缩政策导致全球债市动荡。欧洲央行在2022年7月开启紧缩进程，希腊、意大利、西班牙的10年期国债收益率迅速飙升；日本10年期国债收益率多次挑战日本央行的目标上限，同时国债期货遭遇国际机构做空。

总体来说，欧洲国债风险大于日本，日本国债风险大于美国。欧洲国债风险主要是边缘国家债务风险与欧洲大通胀不可调和，牵制了欧洲央行的紧缩政策；日本国债风险来自日本央行长期且坚定实施量化宽松政策，这种政策无法在"双核"冲击下同时保国债和日元。美国国债风险主要是流动性风险，主要来自大通胀下的紧缩政策。

股票大跌：截至2022年8月26日，道琼斯指数年内下跌8.38%，纳斯达克指数下跌19.21%，标准普尔500指数下跌11.9%，均为2008年以来最大的年内跌幅。其中，6月，美联储开启缩表，开始激进加息，三大股指下跌幅度最大。

与通胀、债市风险相比，美联储对股票下跌保持更大的容忍度。美联储主席鲍威尔求稳，每次紧缩政策后都安抚市场。投资者担心紧缩政策刺破泡沫，期盼美联储早日"转鸽"，但只要不是超预期的坏消息，投资者都解读为好消息。

房地产：美国房地产市场火爆，投资大增，价格大涨；随着美联储激进加息，按揭利率迅速上升，长期个人住房贷款利率一度触及6%，投资成本和风险增加，房地产有所降温，价格有所回落。

出口商品：出口商品价格上涨，主要受美元价格和石油价格上涨推动。通常，美元指数上涨，美国出口商品价格也随之上涨，同时美国贸易逆差扩大。美国还是石油出口大国，石油出口大增，贸易逆差在4月开始缩小。

其他资产：截至2022年8月26日，布伦特原油CFD年内上涨27%，最高触及139美元；美国小麦CFD年内上涨2.53%，先涨后跌，最高触及1363美元；纽约黄金CFD年内下跌3.44%，先涨后跌，最高触及2078美元，现破1800美元；比特币及数字货币大跌，比特币一度跌破20000美元。

其他资产价格的涨跌，不完全受美联储紧缩政策影响，其中比特币受美元上涨影响较大。原油价格的变化相对复杂一些。6月下旬开始，国际原油价格下跌，一度跌破90美元，主要原因包括：一是地缘政治危机进入相对平稳期，市场逐渐适应压力，原油价格大涨，供需自动调节；二是美联储紧缩政策及市场对美国经济衰退的担忧。排除战争因素，原油价格一定程度上可以反映实体经济需求，而美联储的紧缩政策推动市场利率快速提高，投资和消费下降，原油需求下降，价格回落。

（二）中国人民银行降息政策对宏观经济的影响

中国人民银行降息政策对资产价格的影响：

人民币汇率：截止到2022年8月26日，离岸人民币下跌7%，最高触及6.88。中美两国货币政策差异是人民币走低的直接原因。根据美元指数与离岸人民币的相关性分析，美元指数维持在103之上，离岸人民币下跌到6.8~7区间。

出口商品：人民币贬值减缓出口商品价格涨势，刺激商品出口；同时，进口因国际能源及大宗商品价格上涨而减少，贸易顺差扩大。

2022年中国商品出口价格有所上涨，主要受国际原油和原材料价格上涨推动。人民币贬值削减了出口价格，有助于出口增加；同时，欧美国家尤其是欧洲通胀高企，进口廉价商品的需求增加，这刺激了纺织品等廉价商品的出口。贸易顺差扩大反过来在一定程度上支撑人民币汇率的稳定。这就是国际收支的自动调节机制。

国债价格：中国10年期国债收益率下跌，与美国10年期国债收益率形成倒挂。货币政策的背离是导致价格倒挂的主要因素。在开放经济体中，国债收益率下降，资本外流增加。不过，中国实施资本管理，国债价格倒挂不是资本外流的主因，但可以作为资本外流压力增加的信号。

2022年上半年，资本流出的规模有所增加，但这个数据无法反映资本流动的全貌。在两国货币政策存在差异的背景下，需要关注资本转向经常项目。由于资本项目受管理，随着人民币贬值压力增加，资本寻求商品渠道出口的动机增强。商品出口额增加，其中可能包含资本项目。

房地产：房地产市场深度下滑，市场信用恶化，融资、投资、销售、价格、开工、竣工、土地拍卖全面下跌，大型房地产企业债务危机爆发，地方土地财政收入大幅度下滑。

虽然央行实施降息政策，地方政府纷纷"松绑"房地产，但是房地产融资持续下降。2022年1—7月，全国房地产开发投资同比下降6.4%，开发企业到位资金同比下降25.4%。其中，国内贷款下降28.4%，自筹资金下降11.4%，定金及预收款下降37.1%，个人按揭贷款下降25.2%。

房地产政策在供给端和需求端有所不同：供给端，"三道红线"、"五档限贷"、债券融资等政策使房地产企业的信贷融资受限；需求端，个人住房贷款利率快速下降，地方政府大规模"救市"，由政策性银行提供资金，支持地方成立纾困基金，鼓励"一城一策"保交楼。央行在信贷政策上试图限增量、去泡沫，但在利率政策上又去存量、予纾困。

当然，房地产市场形成如此局面，既有货币政策的因素，也有宏观经济走弱的因素，还有房地产泡沫过大、整体负债率太高、家庭购买力被透支的因素。

股票价格：宽松货币政策并未推动股票价格上涨，截至2022

年8月26日，上证指数下跌11%。

美联储货币政策的周期性深刻地影响着美股的周期性，而中国股市受央行货币政策的影响不如美国明显，也不存在周期性，呈现的更多是结构性。中国人民银行的货币政策更多体现在信贷和政府债券融资上，政府债券融资和信贷注入某些行业，如基建、新能源等，形成结构性市场。

中国人民银行的货币政策对资产价格的影响没有美国直接，但对宏观经济走势的影响很大。中国人民银行的货币政策主要通过以下几个渠道来发挥作用：一是贷款利率价格；二是利率及信贷政策；三是财政政策，货币政策很大程度上支持财政融资，通过政府债券、城投债、国企贷款、大型企业的投放影响宏观经济。所以，货币政策支持只是前提，财政政策如何发力才是关键。

总结起来，中美两国货币政策的差异，主要基于两国宏观经济走势不同、通胀水平不同。但两者也有关联性，中国人民银行很少在美联储紧缩周期中降息。中国人民银行的宽松操作需要考虑美联储紧缩的外部压力，防止人民币过快贬值。下半年，在人民币贬值可接受的范围之内，中国人民银行实行宽松政策的首要任务是稳经济大盘。

参考文献

中国人民银行货币政策分析小组. 2022年第二季度中国货币政策执行报告[EB/OL].（2022-08-10）[2022-09-26]. http://www.pbc.gov.cn/zhengcehuobisi/125207/125227/125957/4584071/4628805/index.html.

财政：经济大省挑大梁稳经济大盘

主要观点：2022年，地方财政压力普遍增大：一边财政开支扩大，地方负债率上升；另一边财政收入放缓，卖地收入下跌。为了稳经济大盘，政府财政政策发力，增加了专项债投放和基础设施投资，但需要关注财政支出乘数效应和地方负债率的变化。

2022年8月16日，国务院总理李克强在深圳主持召开经济大省政府主要负责人经济形势座谈会时强调：经济大省要挑大梁；6个经济大省经济总量占全国的45%，是国家经济发展的"顶梁柱"；要求6省里4个沿海省（广东、江苏、浙江、山东）要完成财政上缴任务。[①]

01
经济增速与土地财政

2022年上半年，受疫情相关因素影响，宏观经济增长不及预

---

① 刘彬.李克强主持召开经济大省政府主要负责人经济形势座谈会[EB/OL].新华社客户端，2022-08-16. https://baijiahao.baidu.com/s?id=1741328127960719603&wfr=spider&for=pc.

期，财政收入压力大；财政投资增加，财政支出和负债率均有所上升。

先看一般公共预算收支账本，核心构成是税收。

财政部数据显示，2022年上半年，全国一般公共预算收入105221亿元，扣除留抵退税因素后增长3.3%，按自然口径计算下降10.2%。其中，中央一般公共预算收入47663亿元，扣除留抵退税因素后增长1.7%，按自然口径计算下降12.7%；地方一般公共预算本级收入57558亿元，扣除留抵退税因素后增长4.7%，按自然口径计算下降7.9%。[①]

全国一般公共预算支出128887亿元，比上年同期增长5.9%。上半年，全国性防疫升级，全国卫生健康支出11259亿元，比上年同期增长7.7%。[②]一些大城市疫情频发，核酸常态化，此项开支大增。

扣除留抵退税因素，全国一般公共预算收入增速低于支出增速，单项赤字23666亿元。税收收入下降拖累了一般公共预算收入。税收收入中最大的税种增值税上半年收入19136亿元，扣除留抵退税因素后下降0.7%，按自然口径计算下降45.7%。

再看政府性基金预算收支账本，核心构成是国有土地使用权出让收入。

财政部数据显示，2022年上半年，全国政府性基金预算收入27968亿元，比上年同期下降28.4%。主要看地方，地方政府性基金预算本级收入26070亿元，比上年同期下降29.7%，其中，国有

[①] 财政部国库司. 2022年上半年财政收支情况[EB/OL].财政部官网，2022-07-14. http://gks.mof.gov.cn/tongjishuju/202207/t20220714_3827010.htm.

[②] 同上。

土地使用权出让收入23622亿元，比上年同期下降31.4%。[①]

支出方面，全国政府性基金预算支出54826亿元，比上年同期增长31.5%。地方政府性基金预算相关支出52786亿元，比上年同期增长29.5%，其中，国有土地使用权出让收入相关支出30806亿元，比上年同期下降6.4%。政府性基金预算收入大降，支出增速远高于收入增速，单项赤字26858亿元。

政府性基金支出扩大的原因主要是基建投资增加，而收入下降的原因是房地产市场低迷，政府卖地收入大幅下滑。

2021年开始，房地产市场萎缩，市场信用恶化，大型房企爆雷，融资、投资、开工、销售、交付和土地拍卖数据全面下滑。

国家统计局数据显示，2022年1—7月，全国房地产开发投资79462亿元，同比下降6.4%；其中，住宅投资60238亿元，下降5.8%。商品房销售面积同比下降23.1%，其中住宅销售面积下降27.1%。商品房销售额下降28.8%，其中住宅销售额下降31.4%。

7月，70个大中城市中，新建商品住宅和二手住宅销售价格环比下降城市分别有40个和51个，比上月分别增加2个和3个。

房地产市场恶化，土地拍卖市场遇冷，深受债务和流动性困扰的大型房企购地信心不足。2022年第二季度，一线城市、二线城市、三四线城市流拍率分别为4.71%、14.44%、22.86%。三四线城市的流拍率上升，溢价率下降。部分城市国有土地使用权出让收入同比下降超过一半。

中指研究院数据显示，2022年上半年全国300城共推出住宅用

[①] 国家统计局.2022年1—7月份全国房地产开发投资下降6.4%[EB/OL].国家统计局官网，2022-08-15. http://www.stats.gov.cn/tjsj/zxfb/202208/t20220814_1887334.html.

地规划建筑面积2.8亿平方米，同比下降44.3%；成交规划建筑面积1.9亿平方米，同比下降55.6%。全国300城住宅用地出让金约为11787.8亿元，同比下降54.91%。拿地金额前100名的企业拿地总金额为594.7亿元，拿地规模同比下降60.0%。

全国城市的土地财政依赖度普遍偏高，卖地收入下降对地方财政冲击大。2021年，卖地收入超过2000亿元的城市有5个，超过1000亿元的有12个。南京、武汉、广州、西安、贵阳等13个城市的土地财政依赖度超过100%，其中，杭州、佛山位居冠、亚军，均超过140%。

另外，房地产市场低迷降低了土地和房地产相关税收收入。2022年上半年，契税2969亿元，比上年同期下降28%；土地增值税3929亿元，比上年同期下降7.7%。

2022年上半年，全国公共预算收支账本和政府性基金收支账本合计赤字5万亿元左右。如何填补财政赤字？

根据年初的中央财政预算安排，主要通过以下几种方式调节：央行向财政部上缴1.1万亿元利润，主要用于支持地方留抵退税；上期财政结余转入；财政调节账户划拨；政府债券。

主要看政府债券。财政部数据显示，2022年上半年，全国发行新增债券40210亿元，其中一般债券6148亿元、专项债券34062亿元。①

一般债主要支持一般公共预算收支差额。2022年上半年，6000多亿元一般债、央行上缴利润、上期财政结余和财政调节账户划拨

---

① 财政部预算司. 2022年6月地方政府债券发行和债务余额情况[EB/OL].财政部官网，2022-07-27. http://yss.mof.gov.cn/zhuantilanmu/dfzgl/sjtj/202207/t20220726_3829548.htm.

填补该项赤字。专项债主要支持政府性基金收支差额。2022年上半年，政府性基金收入大降，支出同时大增，2万多亿元赤字主要靠3万多亿元专项债来支撑。由于专项债发行前置，7月之前基本完成了全年专项债融资任务。如果房地产市场持续低迷，卖地收入继续下降，专项债支撑政府性基金赤字的压力将增加。

房地产市场低迷对县级财政冲击最大。一些县级政府税收收入不多，财政靠卖地收入支撑，如今房地产市场萎靡，县级房地产库存高企，大型开发商纷纷逃离县级市场。中指研究院数据显示，2022年上半年，百强房企投资金额的83%集中在22个重点城市，88%集中在一二线城市，89%集中在长三角、珠三角和环渤海城市。

专项债发行主体主要是省级政府和计划单列市，短期内一定程度上可以填补省级、市级政府土地出让金收入减少带来的缺口，但很难支持县级财政。于是，一些县级政府想办法提振房地产市场。

02
大省大梁与地方余粮

我们接着看2022年上半年各地财政状况。全国31个省市区本级一般公共预算收支均为赤字，赤字规模为5.57万亿元。其中，四川财政盈余为-3694亿元，广东为-2912亿元，上海为-18亿元。上海财政受疫情拖累出现了历史同期首次赤字。

不过，这个数据并不能反映地方财政的真实性。1994年后，中国实施分税制和转移支付制度，地方税收一部分上缴给中央，中央再做转移支付分配。2016年全面"营改增"后,增值税上缴50%,地方留存50%;企业所得税与个税上缴60%,地方留存40%。从省市区本级一般公共预算收支来看,绝大部分省份都是赤字。

地方财政赤字主要靠中央转移支付和地方债务来填补。财政部数据显示,2022年中央对地方转移支付预计近9.8万亿元,规模为历年来最大;上半年转移支付同比多增1.5万亿元,增长18%,增幅为近年来最高。

地方财政净贡献更能够反映地方公共预算的真实收支情况。所谓净贡献就是上缴中央税收数额减去中央转移支付。2021年,财政净贡献的省市只有8个,其中广东省财政净贡献位居全国之首,净贡献为8901亿元,人均财政净贡献为7064元,其次分别是上海、浙江、江苏、北京、山东、天津和福建。而四川、黑龙江、河南、新疆、云南是中央转移支付的传统"大户",年转移支付规模均在3000亿元以上,财政净贡献均在–2000亿元以上。

可见,5省3市对全国税收收入和转移支付的作用很大。东南五省市(福建、上海、江苏、浙江、广东)的经济总量占全国1/3以上,财政收入占比近四成,地方对中央财政净贡献接近八成。保东南五省市财政,相当于稳全国财政和转移支付。

2022年受疫情冲击,财政愈加吃紧,要求经济大省挑大梁。不过,经济大省的财政收入也受到冲击。实际上,疫情对经济大省、大城市的影响大于内地省份和中小城市。上半年,经济大省财政收入增速要低于全国,东部财政收入增速要低于西部。

公开数据显示,2022年上半年,经济增速前五名均为中西部省份,而上海、广东、江苏、浙江的经济增速未超过2.5%。其中,上海为–5.7%，经济大省中只有福建的增速达到4.6%。①

经济增速与财政收入相匹配，经济大省的财政增速偏低。数据显示，上半年广东一般公共预算收入为6730亿元，扣除留抵退税因素后同比下降0.5%，按自然口径计算下降11.4%；浙江省一般公共预算收入4984亿元，扣除留抵退税因素同比增长4.2%，按自然口径计算下降6.2%；江苏省一般公共预算收入为4639亿元，扣除留抵退税因素同比下降5.8%，按自然口径计算下降17.9%。

受煤炭等资源价格大涨的刺激，内蒙古、山西、新疆3个资源大省财政收入增速位列全国前三，而且，增速前10名省份全部位于中西部地区。不过，西部省份的财政基数低，财政自给难度大。

东南五省市的税收上缴净贡献大，税收自留比例较低，尤其是广东省。除了深圳市外，广州、佛山、东莞的自留税收比例都较低。其中，佛山自留税收占比只有35%，东莞为32%，而重庆、杭州、苏州、南京、青岛等均超过50%。广州实施三级税制，自留税收占比远远低于北上深。数据显示，2020年广州全口径财政收入6155亿元，但留存的一般公共预算收入仅1721亿元，自留税收占比只有27%。广州的土地财政依赖度很高，这与其自留税收占比偏低有关系。

与珠三角相比，长三角的自留税收占比较高，上缴潜力更大。上海自留税收占比为44%，南京、杭州和苏州均为54%。

最后看地方债务。近些年，全国地方政府债务规模持续上升。2016年末，全国地方政府债务余额约15万亿元，2021年末是30.47万亿元，2022年6月末是34.75万亿元。

宽口径下的债务率的计算公式为（债务余额+城投债）/（一般

---

① 国家统计局. 2022年二季度及上半年31省份GDP数据[EB/OL].国家统计局官网，2022–07–15. http://www.stats.gov.cn/.

公共预算支出+政府性基金支出），分地区看，2021年末，西南省份和华东大省负债率均较高。

西南地区，除了西藏，贵州、云南和四川债务率均超过300%。其中，贵阳、昆明、成都的债务率均接近或超过350%。

中部的湖南、湖北和华南的广西负债率偏高，均超过270%。湖北7市、湖南5市超过200%，其中宜昌、武汉超过300%。华北、东北、西北省份的整体负债率居中游水平，但部分城市债务率较高，其中包头、盘锦、营口、大连、郑州、西安、乌鲁木齐均超过300%。

西南地区是中央转移支付的传统"大户"，东北、西北不少省市均无法实现财政自给，债务融资能力不强。2019年的数据显示，西藏、青海、甘肃、黑龙江、新疆、宁夏、吉林一般公共预算收支缺口的80%都靠中央转移支付来填补。

不过，华东经济大省的债务率也很高。江苏宽口径的债务率为全国最高，达到350%，浙江接近300%，福建接近250%。其中，江苏的南京、南通、常州、泰州、连云港、镇江、淮安、盐城、扬州，浙江的杭州、嘉兴、绍兴、舟山、湖州，福建的泉州、龙岩，都超过300%。

广东省债务率相对较低，在180%左右。其中，只有珠海超过300%，广州超过200%，大多数地级市在120%之下。

通过以上数据分析可知，西南、西北省份的融资能力有限，中部两湖和东部江苏融资能力受限。我们要高度关注高债务率地区的县级财政问题。

经济大省的公共债券发行信用更高、融资能力更强。2022年，专项债额度向经济大省倾斜，最高三个省份依次为广东（3682亿次）、山东（3069亿次）、浙江（2325亿次），江苏专项债额度为1524亿次，不及山东一半，低于安徽。而专项债额度低的省份均为非经济大省，其中青海47亿元、内蒙古223亿元、辽宁330亿元、贵州441亿元。

通常，与西部相比，东部经济大省的公共债务扩张，更能够带动私人投资，引发乘数效应，刺激经济增长。接下来，我们看具体情况是否如此。

03
乘数效应与地方债务

为了稳住经济大盘，2022年上半年我国实施了扩张性的财政政策，采用了两种不同的措施：一是减税、缓税、退税，让利于民，挽救市场主体，增强市场活力，在经济学上此为供给学派之策；二是大规模发行专项债，投资大基建，拉动市场需求，刺激经济增长，在经济学上此为凯恩斯主义之策。

凯恩斯主义的逻辑是财政扩张（伴随着货币扩张和债务扩张）—公共投资—提振市场信心—乘数效应—经济复苏—财政收入增加—财政收缩—偿还政府债务。假如这个逻辑是有效的，凯恩斯主义扩张性财政政策的关键就是乘数效应。

所谓乘数效应，是指一个经济变量的增减所引发的连锁反应程度。这里我们看财政支出乘数，财政支出的增加引发就业和国民收入的成倍增加。通常，大城市的财政支出乘数效应更强。假如财政投资增加了3万亿元,结果经济增速反而下滑、失业率上升,那么这项财政投资没有引发乘数效应。

2022年上半年专项债融资高达3.4万亿元,下半年的任务主要是加快投放,"用好用足专项债限额"。所谓"用好用足",从凯恩斯主义的逻辑来看,就是带动私人投资和消费,引发乘数效应。我们可以根据乘数效应的思路追踪经济走势。

先看货币增速。人民银行近期公布的数据显示,7月末,广义货币(M2)、狭义货币(M1)同比分别增长12%、6.7%,增速分别比上月末高0.6个、0.9个百分点。从同比来看,M2增速创6年新高,M1创2021年4月以来新高。①

银行间资金有多充足?数据显示,7月,月均银行间7天存款类金融机构间的债券回购利率(DR007)和上海银行间同业隔夜拆放利率(Shibor)分别为1.56%和1.12%,较上年底分别低60个基点和68个基点。8月(截至16日),Shibor进一步下跌到1.07%,创下了近两年以来的次低。

这说明资金在银行间打转,市场融资需求下降,宏观经济数据回落。7月,制造业采购经理人指数(PMI)重回临界值之下,录得49.0%,比上月下降1.2个百分点;社会零售总额同比增长2.7%,比上月回落0.4个百分点;规模以上工业增加值同比增长3.8%,比上月下降0.1个百分点。

或许因为周期太短,货币政策和财政政策存在一定的迟滞。不过,我们可以看看社会融资数据。社会融资数据比以上指标更能够

---

① 中国人民银行. 2022年7月金融统计数据报告[EB/OL]. 中国人民银行官网, 2022-08-12. http://www.pbc.gov.cn/goutongjiaoliu/113456/113469/4630716/index.html.

说明问题，这是因为：一是它距离货币扩张和财政扩张最近；二是它是一个领先指标，能够提前预判下半年的经济走势；三是它能够反映财政支出乘数。

7月，社会融资规模增量为7561亿元，大幅度低于上月的5.17万亿元，低于市场预期的1.39万亿元，比上年同期少3191亿元。我们排除季节性因素，排除6月社会融资冲量的因素，7月社会融资增量还是远低于上年同期和市场预期。

财政扩张依然继续。7月政府债券融资新增4000亿元左右，同比多增2200亿元。是不是专项债未投放到位？7月不少省级政府出台了加快专项债投放和工程进度的政策，固定资产投资的数据也支持了这一点。7月基建投资同比高达11.5%，拉动整体固定资产投资约2.6个百分点。

广义货币高增长，财政政策也发力，社会融资却不及预期，说明了什么问题？

说明市场融资需求下降，资产负债表衰退。货币和财政大举扩张，但个人、企业、地方政府跟进意愿不足，乘数效应尚未显现。

拆开来看，主要拖累社会融资的是贷款。7月人民币贷款增加6790亿元，同比少增4042亿元，大幅低于市场预期的1.15万亿元。另外，企业债券净融资734亿元，同比减少2357亿元。

分部门看，住户贷款增加1217亿元，同比少增2842亿元。其中，短期贷款减少269亿元，中长期贷款增加1486亿元，环比少增2681亿元、同比少增2488亿元。①

---

① 中国人民银行. 2022年7月社会融资规模增量统计数据报告[EB/OL]. 中国人民银行官网，2022-08-12. http://www.pbc.gov.cn/goutongjiaoliu/113456/113469/4630722/index.html.

短期贷款减少，说明消费贷款和短期小额贷款需求低迷，存在提前还贷现象。住户中长期贷款主要是住房按揭贷款，该项贷款环比、同比皆大规模少增。1—7月，定金及预收款下降37.1%，个人按揭贷款下降25.2%。个人按揭贷款下降与住户中长期贷款增量萎缩相吻合。各地方政府大规模实施救市政策效果有限，7月集体强制停贷危机进一步打击了市场信用和投资信心。

再看企业贷款。企业贷款新增2877亿元，同比少增1457亿元。其中，短期贷款减少3546亿元，同比多减969亿元；中长期贷款新增3459亿元，同比少增1478亿元。相较于6月中长期贷款的1.45万亿元，7月的贷款新增规模下滑明显。

短期贷款减量与中长期贷款增量几乎相抵，7月企业贷款增量主要靠票据融资支撑。企业票据融资新增3136亿元，同比多增1365亿元。过去三年同期平均不到700亿元，为何2022年7月票据融资成倍增加？7月末，3M、6M和1Y品种利率均跌破1%，说明银行在最后一两天使用票据融资冲量的力度大。

如果扣除冲量因素，7月企业贷款新增可能不足1000亿元，社会融资增量不到6000亿元。这说明企业贷款需求低迷，市场跟进投资不足。

固定资产投资数据直接反映了这个问题。7月固定资产投资增速为3.6%，较上月的5.8%下滑2.2个百分点。在三大项中，基建投资同比高增长，制造业投资较上月下滑2.3个百分点，房地产投资持续低迷。7月房地产投资规模为1.1万亿元，较上月的1.6万亿元下降了5000亿元左右。

如果把时间拉长一些则可以直观地看到：公共投资高增长、社会投资跟进不足。2022年1—7月，全国固定资产投资同比增长

5.7%。其中，国有控股投资同比增长9.6%，民间投资增长2.7%，外商投资下降4.3%。与国有投资相关的电力、热力、燃气及水的生产和供应业投资增长15.1%，基础设施投资（不含电力、热力、燃气及水的生产和供应业）同比增长7.4%。

1—7月，经济大省专项债融资大、公共投入大，但是从经济增速和财政收入增速来看，乘数效应并不明显，发达地区私人投资跟进不足。

除了私人投资，公共投资跟进意愿也不足，尤其是基层政府投资。省级政府融资看专项债，基层政府融资主要看城投债。数据显示，2022年1—7月，全国城投债实际发行规模3.34万亿元，同比下降6.96%，7月城投债净融资同比少增约1400亿元。截止到8月17日，前7个月发行的城投债当期票面利率低于2%的有56只，仅7月发行的就有37只。这种现象只在2020年疫情暴发期间出现过。

基层政府的投资跟进力度不足，原因是多方面的：地方负债率过高，财政扩张能力受限；清理地方隐性债务，城投债发行难度增加；房地产市场低迷，土地财政收入大幅下滑，抵押资产价格大跌。

如何才能提振个人、企业和基层投资的信心？如何激发乘数效应？

2022年8月15日，中国人民银行突然降息。当日，人民银行开展了4000亿元一年期中期借贷便利操作（MLF）和20亿元7天期逆回购操作（OMO）。其中，一年期MLF中标利率为2.75%，OMO中标利率为2.00%，均较上期下降10个基点。

通常，政策性利率下调，银行融资成本下降，市场贷款利率也随之下降，预计8月贷款市场报价利率（LPR）将下降。人民银行此举试图降低市场融资成本,刺激社会融资需求。

经济学家任泽平评论7月经济数据时,提出"防止经济二次探底,需空中加油"。但是,我们更需要关注宏观经济政策的效果,分析为什么乘数效应不及预期。原因可能是多方面的:2022年高流行的疫情和高级别的措施改变了市场预期,投资和消费信心转弱,这是直接原因;凯恩斯主义的财政扩张逻辑并不可靠,公共投资呈现边际递减态势,公共债务持续攀升,这是根本原因;另外,房地产市场难以复苏,也是一大因素。

总之,在制定财政扩张的政策时,需要关注乘数效应的变化,以及这种变化给地方债务带来的压力。

实体经济

作为全球制造业大国,中国立足于实体经济,大力投资制造业及基础设施以支持全球性的产能输出。

未来,如何突破技术瓶颈、实现制造业技术升级,如何更有效地投资新型基础设施建设,如何平衡区域经济发展,如何化解房地产泡沫、走出困境,是实体经济转型与持续发展的重要课题。

如何破解芯片难题？

主要观点：后发国家往往带着赶超发达国家的强烈冲动参与国际竞争，而大企业和政府大规模投资硬核技术似乎是实现国家赶超目标的捷径。近些年，国际政治局势动荡，一些人表达了对星辰大海的强烈渴望，以及对互联网巨头不追求硬核技术的不悦。但从经济学的角度来看，技术革新是市场稳定与持续繁荣的前提条件；政府在公共教育与基础科学方面的持续投入，以及发达的消费市场与充分的社会投资，则是技术进步的必要条件。

01
大国技术的渴望

不少人指责阿里巴巴、腾讯等互联网巨头只在涉及吃喝玩乐的消费市场上赚钱，不愿意大规模投资芯片、操作系统等硬核技术。如此下去，中国消费市场和互联网企业将一直为美国科技企业作嫁衣，硬核技术不容易突破。

经济学中有一种理论似乎支持这种说法。美国经济学家威廉·鲍莫尔在1967年发表了一篇论文《非平衡增长的宏观经济学：城市危机剖析》，在论文中将宏观经济划分为两个部门：一是生产效率高的"进步部门"，如制造业、现代农业等；二是生产效率低的"停滞部门"，如教育、餐饮、旅游、表演等服务业。

鲍莫尔指出，生产效率高的部门，雇员越来越少，劳动工资下降。比如受摩尔定律驱使，手机技术快速迭代，成本不断下降。而生产效率低的部门，雇员需求量大，工资成本越来越高。比如，三百年前的莫扎特四重奏由四个人演奏，三百年后依然需要四个人演奏，劳动者数量一样，技术可能更差，工资却更高。

这样下去，会产生什么问题？当进步部门的经济产值占比越来越低，停滞部门的经济产值占比越来越高，劳动力成本越来越高，效率越来越低时，经济最终趋于停滞。这就是鲍莫尔成本病。

如果鲍莫尔成本病这一税法成立，那么一些人的担忧就是对的——应该将更多资源投入制造业、科技领域，避免产业空心化、金融化，尽量少投资服务业和金融业。他们甚至主张政府主导投资硬核科技，以引爆一场技术革命。

"二战"时期，美国政府迫于战争需要，组织资源集中开发出大量新技术，比如航空航天、核能、导弹、计算机、互联网等。"二战"后的技术革命就是由这些军用技术民用化驱动的，如化肥中的氮原本是"二战"中炸药的主要成分。"二战"后，军用的氮和硝酸盐生产工艺民用化，农业化肥技术突飞猛进。

硅谷半导体产业的兴起也与美国国防部有着密切关系。"二战"期间，德州仪器的前身GSI为美国军用信号公司和美国海军制造电子设备。1954年德州仪器生产了第一颗用硅做成的晶体管，当时它的主要买方还是美国国防部门。

不得不承认,"二战"时期国家组织和推动的技术创新几乎主导了战后半个世纪的产业技术路径。

该如何解释以上现象?

(一)互联网巨头为何不投资硬核技术?

中美互联网格局差异显著,美国互联网企业习惯于纵向延伸、垂直整合,中国互联网企业则倾向于在终端市场横向整合,并形成几大消费巨头。这种差异受很多因素影响:

首先,两国监管法律不同,在美国,整合消费市场容易遭受反垄断调查,企业不得不投向垂直领域;在中国,互联网企业受巨大的消费人口红利(大数据红利)驱动而反复角逐终端市场,然而政府近些年开始强化用户数据方面的监管。

其次,两国人力资本与金融市场不同,美国拥有高科技人才和廉价资本优势;中国的股权类融资市场占比相对较小,高风险的技术投资主要依赖于跨国投资和国际资本市场。

最后,两国市场准入政策不同,在中国,一些上游或纵深领域的准入门槛高,买方优势明显,这降低了企业进入的意愿,如亚马逊从电商延伸到上游的低轨卫星和无人机配送,而京东难以进入这些领域。

(二)鲍莫尔成本病是否真实存在?

从经济学的角度来看,定义进步部门和停滞部门是违背经济规律的,市场上不存在绝对的进步部门或停滞部门。当一个部门效率下降、无利可图时，资本和人才会流出，而当这个部门效益提升时，资本和人才会进入。一个部门，即便是服务部门，如果人才和资本持续进入，就说明它有效率、有效益。

如果鲍莫尔成本病真的存在，苏联的计划经济是对的，美国这种自由经济最终会走向停滞。可事实上，"二战"以后的美国，制造业占比越来越低，服务业占比越来越大，劳动力的成本越来越高；但是，美国的经济并没有走向停滞，技术的全球领先程度远超"二战"之前，它的现代服务业，如金融、会计、律师、航运等，反而大大促进了技术进步。可见，鲍莫尔这种上帝思维不可取，投资现代服务业同样可以带来效率。

（三）公共投资是否可以一劳永逸？

首先，公共投资存在一定的效率，大规模的密集投资定然会带来技术创新。但不可否认，其中也存在一定的问题。公共部门的非竞争性引致投资效率降低，同时会产生挤出效应。另外，假如大规模公共投资依赖于过度征税，会扭曲利率抑制私人投资；如依赖于过度借债，扭曲市场价格，容易引发债务风险或通胀风险。

其次，一个地方获益，另一个地方则受损。法国经济学家巴斯夏曾提出非常著名的"看得见的和看不见的"理论。"二战"时期，参战国政府大规模借债投资战争武器及技术，但民生凋敝，"看不见的"损失巨大。当然，这在当时是无奈之举，战后极少国家能够再集中资源行事。不过，苏联继续实施计划经济，这种集中决策的技术试错成本极高。当年，苏联的官僚们认为晶体管无法抵御核战中强大的电磁脉冲，从而选择了受干扰较小的电子管，这让苏联错失了晶体管赛道。如今，电池技术路线有三元锂电池、磷酸铁锂电池、氢燃料电池等，应鼓励各类技术企业去探索不同技术路线的可行性。

最后，"二战"时期以及战后的密集技术创新主要来自通用、贝尔实验室等私人企业。美国政府更多地扮演买家和组织者的角色，而不是直接投资者和生产者。

02
消费福利的逻辑

现实中，我们找不到一个生活物资匮乏、技术却领先的国家。相反，我们很容易看到，吃住行游购娱繁荣的国家，技术往往比较先进；世界顶级的消费大国，往往是技术强国。美国、英国、法国、韩国、日本是娱乐大国、消费大国，也是技术强国。

那么，在逻辑上，如何解释消费大国与技术强国之间的关系？

埃隆·马斯克是这个时代星辰大海里的航海家，他最近在推特上表示，已经将自己的大脑上传到云端，并已经与自己的虚拟版本交谈过。这是怎么回事？

人机交换是前景可期又充满未知的技术。马斯克的神经科技公司Neuralink正在开发脑机接口，这个设备试图将人的意念输入网络，人可以通过思考来控制计算机和手机。马斯克的想法并非无中生有，他曾表示这项技术可以帮助瘫痪的人通过意念使用手机。除此之外，人可以用意念玩游戏、驾驶汽车、发射火箭……爆炸性的需求场景正在激励企业家、神经科学家与计算机工程师打通人机界限。

（一）吃喝玩乐为硬核科技提供消费场景，驱使企业家与工程师持续创新

20世纪六七十年代，日本电子产业兴起，数码相机风靡全球。当时日本的数码相机是一种大众的成人"玩具"，在国际市场上属于廉价商品。它有一个别称叫"傻瓜"相机，但正是这个"傻瓜"相机推动了日本光学及相关材料技术的进步，这些技术今天仍被运用到半导体及光刻机中。

光刻机的原理和照相机一样，都是通过曝光的方式把设计好的芯片电路图成像在涂了光刻胶的硅晶圆上，最后用光来雕刻芯片电路图。虽然索尼、尼康和佳能被后来居上的荷兰ASML超越，但是日本在半导体产业中依然占有一席之地。

日本已经成为全球最大的半导体材料输出国，在光刻胶、硅晶圆等14种重要材料上，占据了全球超50%的份额。同时，日本的半导体生产设备也令人瞩目。在国际半导体设备公司排行榜前15名中，来自日本的企业便占据了8席。

可见，吃喝玩乐等大众消费为技术不断迭代和基础科学落地提供了消费场景。这一点从电子游戏的发展过程中也能看到。"二战"后，电子游戏作为公共部门的技术研究项目，技术进步缓慢。1961年第一款非研究属性的电子游戏——Space War（《太空大战》）问世。这种人机交互的游戏快速流行于各大高校和科研院所。1972年第一款家用游戏机出现，爆炸性的市场需求刺激电子游戏一日千里。如今，网络游戏替代电子游戏成为日常娱乐方式之一。

网络游戏极大地促进了网络技术的迭代——这被其娱乐性与道德情感所掩盖。笔者选择使用中科院研究团队发布的报告——《游戏技术——数实融合进程中的技术新集群》来说明。这份报告罗列了网络游戏中所包含的各项技术，如虚拟人技术、游戏引擎技术、游戏 AI 技术、云游戏技术，还有算力开发、芯片运算、机器学习、大数据分析、图像渲染、多元互交网络等。

例如，图像渲染。大型网络游戏需要高性能图像芯片，而强大的图像芯片技术是工业互联网的底层技术。2021 年 4 月，在英伟达 GPU 技术大会上，"假黄仁勋"骗过了所有人的眼睛。英伟达披露，从黄仁勋到厨房的各个细节，都是渲染出来的。老黄做了一次超级营销，也给元宇宙工业应用场景打开了想象空间。

"2020 年游戏技术对我国芯片产业的技术进步贡献率大约为 14.9%；对于 5G 和 XR（VR/AR），游戏技术的科技贡献率分别达 46.3% 和 71.6%。"①

再如，多元互交网络。1974 年的电子游戏 *Spasim* 最多只能支持 32 名玩家同时在线，而如今的手机游戏《王者荣耀》同时在线人数可以达到 9800 万人。这种近亿级别的在线互交与协作网络技术可能会广泛运用于未来的智慧城市和分布式协同作战之中。

从经济学的角度来看，市场需求与竞争机制刺激企业创新技术，也就是说，衣食住行等大量的需求促进了广泛的技术创新。吃喝玩乐与硬核科技互为一体，玉米中的转基因种子、建筑中的特钢、汽车中的智能驾驶、日用品中的化学原料、眼镜中的镜片、网络游

---

① 中科院自然史所王彦雨课题组.游戏技术——数实融合进程中的技术新集群报告[R].2022–06.

中的算法，都是硬核科技。大众消费需求的不断提升促进了广泛的技术进步。

（二）极限需求催生极致技术，激励人类探索最前沿的技术

在保留农耕文化传统的地区，人们对极限运动的接受程度低，极限运动被戏称为"国外人少系列"。极限运动代表着人类追求极致的意志和探索未知的勇气，如果没有飞翔的梦想，没有飞翔的勇气，就不会有飞机，不会有星辰大海。

极限运动带来极限技术：国际赛车的汽车技术普遍领先家用汽车5~10年；美国四大运动赛事是全美骨伤科先进治疗方案的大买家；百米赛跑运动员的跑鞋和游泳运动员的泳衣使用了先进的化学材料及技术。

在日常生活中，越高的需求越需要硬核科技来满足：闭着眼睛开车的需求催生无人驾驶；追求精致面容的行动催生微创手术；残疾人跑步的渴望推动医疗器械技术进步。所以，大众越富有、越享受，技术越发达。

（三）消费竞争增进人的创造力，持续改善人的社会福利

从经济学的角度来看，消费的本质是对人的投资，消费规模越大、消费比重越大，对人的投资越大，人的创造力越强。这就是消费大国往往是技术大国的原因。

实际上，经济是一个相互促进的系统，有效的供给满足有效的需求，进而创造有效的供给。例如：融资市场促进芯片技术创新，

适度的游戏和音乐让人放松，促进人的灵感与创造力。

有人可能会反问：天天吃喝打游戏也能促进技术创新？

消费是对人的投资，有收益，也有风险；有竞争，也有淘汰。过度沉迷游戏、暴饮暴食的消费行为会带来风险，甚至被市场淘汰。奶粉消费需要政府监管，防范毒奶粉；房屋预售需要监管，防范开发商和银行违规；游戏消费也要监管，防范渲染暴力、数据侵权和少儿沉迷。尤其是针对少儿沉迷，建议政府采取游戏分级制度保护少儿健康。

在庞大的自由消费市场中，消费的竞争与淘汰反馈机制可以最大化提高消费边际效用，即消费的投资回报率。这种消费竞争的逻辑促使人在消费中获得更多的成长性和创造性。笔者反复建议政府将更多的资源投入家庭中，改善家庭消费，减少基建项目的投资。其实，经济增长不过是手段，目的是增进个人的消费福利。

那么，繁荣的消费能否促进国家集体行动目标的达成？

03
星辰大海的入口

作为一个组织，国家确实有其集体行动的目标与能力。一个国家一旦面临一场战争，如果没有足够强大的军事技术，足够雄厚的经济与财政力量，可能会陷入亡国的悲惨境地。这是国家主义者支持核心技术国家化的理由之一。

不过，美国当年赢得"二战"靠的是美国庞大的工业生产能力，当时通用汽车等私人企业摇身一变成为武器制造厂。可见，强大的战争统筹能力是建立在繁荣的市场与发达的工业基础之上的。这是国家达成集体行动目标的关键。

我们可以从三个方面来思考个体技术与国家目标之间的关系：

（一）扩展秩序促进集体行动

正如哈耶克所说，现代社会的发展取决于扩展秩序。语言、市场、货币、习俗都属于扩展秩序。扩展秩序是一个自发自生的秩序，它不是一个人决定的，而是个体之间经过长期的磨合、选择和交易形成的。一个市场，不管是芯片、卫星、工业软件，还是房地产、金融、游戏，都不是一个人创造出来的，而是每一个个体共同参与的结果。

扩展秩序还是一个分工协作的概念，分工协作的组织越庞大，技术越精细。扩展秩序越庞大越好，市场规模越庞大、分工越精细，对国家集体行动能力的提升与目标的达成越有利。

在星辰大海中，庞大的消费市场是无数繁星，培育人的才能的多样性，刺激技术星火燎原。发达的金融市场是星空里的银河，给高风险、长周期的技术项目提供一轮又一轮的融资。

资本规模越大，技术分工越精细。过去，中国互联网及众多私人技术投资，是中国创业者、消费市场与国际金融市场分工协作的结果。国际风险投资给互联网项目提供多轮融资，项目成熟后赴纳斯达克上市，由股票投资者继续投资。对中国互联网及众多私人技术项目来说，这条国际协作链条犹如生命线。

如今，分布式协作作战网络与无人机武器给各国决策者描绘了未来的战争图景。分布式计算、加密技术、人工智能、大数据技术均是决定未来战争胜负的核心技术。

大疆创新的无人机是消费级别的游戏机，但这种娱乐需求可以促进技术进步，为工业级别、军事级别的无人机提供技术支撑。滴滴打车系统、美团骑手系统均是复杂协作系统，这些系统所积累的加密、大数据技术及人才是将来的分布式协作作战网络不可或缺的。

更何况，战争及安全防御只是国家目标的一部分，而国家更为广泛的公共用品的满足，依赖于庞大的消费市场及其先进的技术。例如，网络技术能够给国民教育和医疗提供在线解决方案；又如，中国正在推动的新基建，尤其是数字新基建，更多地使用私人资本和技术。引擎技术、实时渲染、物理模拟等技术被运用到城市智能交通、工业互联网、"东数西算"工程中。

（二）复杂系统突破国家能力

扩展秩序是一个复杂系统，技术创新也是一个复杂系统。现代技术是一个个高阶次、多回路和非线性的复杂系统，甚至充满混沌和不确定性。如今，任何一项革命性的产品，如智能手机、无人驾驶汽车、光刻机等，都是众多先进技术的复杂集合。

一台光刻机有10万个零部件，涉及物理学、光学、数学、流体力学、表面物理、化学、自动化、精密仪器等。只掌握一两项技术或关键环节是不能具备制造高端光刻机的能力的。

过去一段时间，中国流行"微笑曲线"理论。这项理论误导了很多人，他们据此认为，中国制造企业应该向品牌、设计两端延伸，摆脱低利润的制造环节。其实，从原材料勘探、开采、加工、物流、组装、测试到销售、售后，每一个环节都深藏着巨大的技术潜力。

比如，20世纪七八十年代开始，半导体产业链逐步实现全球精细分工与协作。如今，处于制造环节的台积电凭借强大的制造能力名震天下，日本半导体企业在原材料环节占据着统治地位，荷兰光刻机、美国芯片设计均通过创新来创造利润和获得行业话语权。即便"家里有矿"，探矿需要技术，开矿也需要技术。美国私人技术公司引爆的页岩气革命促使美国从能源进口国转变为能源出口国。中国已探明的页岩气、页岩油储量比美国大，可惜开采技术尚不成熟。

又如消费端。销售被认为是技术含量低的工作。实际上，沃尔玛的供应链技术、亚马逊的低轨卫星技术都是非常领先的技术，腾讯、美团、滴滴等消费端的复杂系统均运用了国内领先的大数据和云计算技术。未来，这些复杂系统不断迭代，将进入人工智能、深度学习、无人机配网等领域。

如今，复杂系统的技术创新远远超出了一个公司、一个政府、一个国家的资源配置能力。那么，如何才能获得全球顶级技术？

市场扩展秩序与技术复杂系统是高度匹配的，国际市场是一个更大的扩展秩序，催生更加精细的技术分工和更复杂的技术密度。亚当·斯密认为，市场规模越大，分工越精细。新加坡、荷兰这类国家更愿意融入全球化，通过参与国际分工来提升技术水平，而大国因可自成市场体系而易封闭，但这种封闭市场的技术分工程度在逻辑上要低于国际市场。斯密定律表达了一个基本逻辑：全球顶级的技术只诞生于国际市场之中；只有深度融入全球化、参与国际分工才能获得顶级技术。

有人提出疑问：如何应对他国的技术封锁？其实，当前的挑战都不是问题，只要做好这四个字：改革开放。

（三）多元文化孕育星辰大海

比特币是一种由密码朋克运动诞生的创造。20世纪70年代，一群技术极客以加密技术为手段发起了一场反对一切政府规则的无政府主义运动。比特币最早只是一种流行于密码朋克圈的分布式"游戏"。在最初的几年，工程师们乐于奉献出自己的CPU算力去"挖矿"，设计者中本聪给第一个解出哈希函数的"矿工"50比特币作为奖励，而当时的比特币只是一种没有任何价值的积分。就这样，一个个技术玩家"无偿"加入，共同构建了一个点对点加密的分布式网络。这种网络后来被称为区块链。

这群看似荒诞不经的无政府主义者，身上带着桀骜不驯与理想主义，却极大地推进了加密技术、分布式计算和共识算法的进步。其中多元文化给他们提供了试验场和试错场。

如今，人们畅想的是加密技术、人机交换等技术将人类推入元宇宙。元宇宙充满着更多未知的可能性，而这种多元文化恰恰是星辰大海的灵魂。

在国际上，多元文化更加宽容、更易协作，而统一性导致狭隘、极端与冲突。一个优秀的民族需摆脱急功近利与浮躁浮夸，抛弃上帝思维和父爱主义，设法保持宽容与试错的心态融入世界。

多元文化、扩展秩序、复杂系统三位一体，多元文化培育多样化的市场秩序，进而促进技术分工和生成复杂系统，它们共同造就人的才能的多样性，而人的才能的多样性是一切创造的源泉。

个体才能的多样性，是星辰大海的入口，是文明的起源。

参考文献

[1] 弗里德里希·冯·哈耶克.自由秩序原理[M].邓正来，译.北京：生活·读书·新知三联书店，1997.

[2] 亚当·斯密.国富论[M].郭大力，王亚南，译.北京：译林出版社，2011.

如何投资新型基建？

主要观点：基建投资是稳住经济大盘的重要投资，新型基建投资是建立在长远预期基础上的公共投入。新型基建的投资效率更依赖于市场的竞争，以及市场所提供的密集的技术创新。

01
公共用品

何谓新型基建（以下简称"新基建"）？

新基建，有别于工业基础"铁公基"（铁路、公路、机场、港口），是指信息时代的基础设施。

一般认为，新基建包括以下七大领域：5G基建、特高压、城际高速铁路和城际轨道交通、新能源汽车充电桩、大数据中心、人工智能、工业互联网。除此之外，还包括集成电路、量子信息、物联网、智能驾驶、工业机器人、氢燃料、石墨烯新材料及航空航天等领域的基础设施。

新冠疫情挑战了中国的公共卫生系统。中国需要强化公共卫生的基础设施建设，包括公共卫生制度改革，公共卫生物资储备，生物医药的基础研究，如疫苗技术、病原检测技术、医疗物资供应链、医疗智能化设备、隔离病房服务机器人。

讨论新基建时，需要明确的第一个问题是：新基建是公共用品，还是产业投资？

基建应该是公共用品，而不是产业投资。

以5G为例，5G的产业网络覆盖网络规划、器件材料、设备网络、终端运营以及市场应用。政府需要投资的5G"基建"，主要指网络规划、基站、光纤光缆以及芯片等基础科研，这些属于公共用品的范畴，而终端运营、5G手机、绝大多数器件材料和设备属于产业投资、私人用品。如今，政府确实开始着手5G的基础设施建设，如基站投入，但有些方面还有待跟进，比如基础科研。

要知道，华为5G的基础研究来自一位土耳其的科学家，名叫埃尔达尔·阿里坎。阿里坎是美国麻省理工学院电气工程专业博士，在土耳其毕尔肯大学电气工程系担任教授。2008年，他提出了极化码理论。极化码是5G数据传输的一种新型编码方法，被认为是逼近香农信道容量的编码方案，有别于美国主导的LDPC（Low-density Parity Check）码。

2009年，华为开始研究5G解决方案。次年，华为首席科学家童文博士关注到了埃尔达尔·阿里坎发表的关于极化码的学术论文。

但是，从极化码理论到5G技术应用还有相当的距离。华为用了将近十年斥资研究极化码的应用化技术。他们聘请了不少外籍科学家，其中俄罗斯数学家帮助他们完成了算法上的突破。

正因如此，华为创始人任正非多次呼吁国家加大基础研究和基础教育投入。这是5G产业最为关键的基础设施。

技术研发和产品开发是企业的强项，基础教育和基础科研的投入是政府的任务，二者既有联系，也有区别。如果政府替代市场做技术研发和产品开发，会降低投资效率，私人用品会被公共用品替代，可能出现"公地悲剧"。

如何界定公共用品和私人用品？

"公共物品"的概念，最早是由瑞典经济学家埃里克·R. 林达尔在其博士论文《公平的赋税》（1919年）中提出来的。

1954年，美国经济学家保罗·萨缪尔森发表了一篇著名的论文《公共支出的纯理论》。萨缪尔森在文中给公共用品赋予了严格的定义，即"每个人对这种物品的消费，并不会减少任何个人对它的消费"。这种边际成本为零的物品被萨缪尔森称为"集体消费产品"，即公共用品。他举了一些例子，如社区的和平与安全、国防、法律、空气污染控制、防火、路灯、天气预报和大众电视等。

但是，这种严格定义下的纯公共用品其实是很少的。比如，公路属于公共用品，但也会出现堵车的时候，这就产生了排他性，并不符合萨缪尔森所说的"不会减少任何个人对它的消费"。

所以，我们通常所说的公共用品，多数是指准公共用品（詹姆斯·布坎南的非纯公共用品、约拉姆·巴泽尔的混合物品），比如公路、机场、公园、自来水、教育、网络服务、公共卫生等。

公共用品和私人用品的区别在非排他性（非竞争性）上。简单理解就是，私人用品属个人所有，别人不能占有，谁付款、谁受益；公共用品为公共产权，人人可"薅羊毛"。

为什么公共部门应该负责投资公共用品，而不是私人用品？

公共用品的非排他性，导致市场在公共物品供给上是无效率的。因此，公共物品主要是由政府来提供的（当然也有私人提供的），政府需要投资的是司法、教育、公共卫生等公共用品，不仅仅是新基建。

灯塔，是经济学中一个经典的公共用品案例。

1848年，英国经济学家约翰·穆勒在其《政治经济学原理》中分析了灯塔问题：

"虽然海洋中的船只可以从灯塔的指引而得益，但若要向他们收取费用，就办不到。除非政府用强迫抽税的办法，否则灯塔就会无利可图，以致无人建造"。

船只使用灯塔类似于"凿壁偷光"，存在收费难题，导致交易费用畸高，自由市场无法形成，需要政府来建造灯塔。这样公共用品就诞生了。

古典主义先驱大卫·休谟在《人性论》中已注意到交易费用中的协商成本问题：

如果要排除一片（公共）草地中的积水，两个彼此了解的邻居好协商，但若1000个人协商那就难办了，"各人都在寻找借口，使自己省却麻烦和开支，而把全部负担加在他人身上"。

休谟的办法是交给政府，"政治社会就容易补救这些弊病"。

在公共用品上，政府比市场有效率，但在私人用品上，却恰恰相反。由于信息分散，政府不能替代市场来支配所有的资源，满足所有人的多样化需求。

所以，在投资新基建之前，明确公共用品和私人用品的界限是非常有必要的，这样才能做到"恺撒的归恺撒，市场的归市场"，各取所需，发挥所长。

以新能源为例，新能源汽车充电桩属于新基建，它是政府需要投入的公共用品。

虽然日本政府在2017年发布了"氢能源基本战略"，但日本对新能源的探索是大型企业先行的。在经过丰田等企业的技术探索和商业论证后，政府才确定这一战略。

日本政府的作用是什么？

日本政府的主要职责是"重点推进可大量生产、运输氢的全球性供应链建设"，将氢能加气站从2021年的100所扩建至900所。要知道，加氢站基础设施投入要比普通充电站多得多。

日本被认为是实施产业政策最成功的国家，但如今日本政府投资产业却极为谨慎。东京大学小宫隆太郎教授组织一批经济学家反思日本产业政策成败得失，并出版了《日本的产业政策》一书。小宫隆太郎主张，政府应该聚焦于市场容易失灵的"关于产业的一般基础设施，包括工业用地，产业用的公路、港口，工业用水和供电等"。

政府的主要任务是建设基础设施，同时打破行政性垄断，降低准入门槛，引进特斯拉等竞争性企业，让私人企业可以造车，发挥鲇鱼效应，通过市场竞争提升技术和销量。

政府与市场最好的结合点就是契约，即市场纳税，政府用税收提供公共用品。公共用品的作用就是降低交易费用，促进市场繁荣，进而使政府获得更多税收，提供更完善的公共用品。

02
公地悲剧

明确第一个问题后,我们再看第二个问题:应该投资哪些公共用品,是新基建,还是老基建?

2020年的公开信息显示,我国13个省市的基建投资项目金额达34万亿元。其中,老基建和新基建分别有多少?

国泰安的研究报告指出:在总投资规模为17.6万亿元的存量PPP项目中,铁公基(铁路、公路、港口、码头、机场、隧道等)是大头,规模约7.1万亿元,占比接近41%。

排在第二位的是房地产、土地储备相关项目,包括广场、公寓、棚改、危房改造、保障房、土地储备等,规模约3.4万亿元,占比20%左右。

而新基建(信息网络建设、光电、充电桩、生物质能、智慧城市、科技等)不足1000亿元,占比只有0.5%。类新基建项目,如轨道交通、园区开发、垃圾发电等在PPP项目库中投资规模大约为2.6万亿元,占比14.7%左右。二者加总占比不过15%左右。

另外,疫情之下,人们关注的医疗卫生只有3000亿元左右的项目,占比1.7%。

一些经济学家意识到传统基建投资的低效、过剩,呼吁加大新基建的投入。中国的传统基建到底是否过剩?是否有必要大规模投资新基建?

这个问题不好回答,但是有两个数据很能说明问题:

一是投资回报率。

截止到2017年末，单位基建（以传统基建为主）投资对GDP增长的拉动作用已由2004年的9.30降至2017年的4.69，缩减幅度近50%。

二是政府负债率。

不管是新基建还是传统基建，都需要考虑投资回报率，因为投资回报率与负债率息息相关。超前投资、低效投资未必不可，但必须撑得住、还得起。目前，中国整体政府债务（包含中央政府、地方政府）占GDP的比重约60%，若加上城投平台的负债，负债率其实并不低。

从投资回报率和政府负债率两个指标来看，新基建的投资要适度，需要抑制公共投资领域的搭便车动机。

搭便车，最早是由美国经济学家曼瑟·奥尔森于1965年在《集体行动的逻辑》一书中提出来的。

他说："由于集体行动的成果具有公共性，所有成员都从中受益，那些没有分担行动成本者搭便车成为最优策略，于是理性、自利者不会为争取集体利益作贡献。"

搭便车，是一种"不付成本而坐享他人之利"的投机行为。有个例子很经典：三个酒友约定，每次一起喝酒，每个人都从家中带来一瓶酒，之后混在一起共同饮用。

这样一来，混在一起的酒就变成了"公共用品"，结果怎样呢？

下次喝酒，每个人都带了一瓶水，然后混在一起。干杯入口后，三人都愣了。但他们仍然像喝到美酒一样，装出一副沉醉的表情，直到把水全部喝完。

出于搭便车动机，每个人都会打小算盘，隐瞒消费偏好，制造信息不对称，然后用最小的代价薅更多公共用品的"羊毛"。公共用品缺乏一种像市场机制那样自动显示个人真实偏好的"显示机制"，因此它就不可避免地会碰到"说实话难题"。

比如，多缴纳税收无法多享受公共用品，所以人们就可能虚报、少报纳税数额。同时，人们都希望少缴纳税收，多享受公共用品，如基础设施。如此，在搭便车的动机驱使下，人们自然更倾向于支持更大规模的基建投资，最终造成"喝白水"的悲剧。

这种悲剧又被称为公地悲剧，或叫"哈丁悲剧"。公地悲剧，最早是由古典主义先驱大卫·休谟在1740年发现的一种现象。1968年，勒特·哈丁在《科学》杂志上发表了一篇文章，名为"The Tragedy of the Commons"。张维迎教授将其翻译为"公共地悲剧"。

哈丁举例说，在一块公共草地上，每个牧民都想多养一头牛来实现个人收入最大化。尽管每个牧民都知道，多增加一头牛，草地可能被过度放牧，导致养牛收益下降，甚至所有牛都会饿死，但是悲剧还是不可避免地发生了。

譬如，为什么全球主要国家央行都不阻止货币滥发？因为，全球货币市场，其实是一个"公地悲剧"。法定货币的发行权是一种公共用品，这一公共用品的天职就是维持币值稳定，降低交易费用。但是，几乎所有人都对这种利益巨大的公共用品产生搭便车动机，试图从货币"放水"中薅到羊毛。

约翰逊、尼克松、里根、老布什、特朗普都在谋求大选连任时给美联储施压，希望其能下调利率、增加就业，以获得更多政治选票。联储银行搭便车似乎"名正言顺"，因为他们是美联储的股东，当时美联储成立的目的就是为联储银行充当"最后贷款人"。金融家、企业家、投资者、购房者，甚至普通白领、工人，都希望央行

"放水",以图股票上涨、房价上涨、贷款更易、利息更低、收入更高。

那么,美联储主席搭便车吗?

美联储主席是"司机",其决策具有相当的独立性,遵循"学者原则"。2019年,沃尔克、格林斯潘、伯南克、耶伦四位美联储前主席发表署名公开信力挺鲍威尔,希望其顶住特朗普的政治压力,保持独立行动。

但是,当所有人都产生搭便车的动机时,美联储主席这个"司机"就不好当了。降息皆大欢喜,自己也少一点麻烦,从格林斯潘开始,美联储就采取降多升少的"不对称操作"。这其实也是一种变相的搭便车行为。

尽管几乎所有人都明白持续扩张货币是一条不归路,货币发放越多越不值钱,甚至最终可能一文不值,但没有人会站出来阻止这一悲剧。

当然,这不是美联储一家的问题,全球货币市场正在沦为公地悲剧。新基建投资也是同理,需要避免货币和财政过度扩张支持新基建投资。

03
市场竞争

第三个讨论的问题是,如何避免公地悲剧,减少低效基建投资,加大新基建及公共用品投入?

公共用品因非排他性导致市场失灵，所以需要国家（政府）来提供公共用品。但是，公共用品容易引发搭便车动机，甚至引发公地悲剧。

道格拉斯·诺斯在《制度、制度变迁与经济绩效》中提出了一个著名的悖论："国家的存在是经济增长的关键，然而国家又是人为经济衰退的根源。"

何解？

"国家的存在是经济增长的关键"，是因为国家本身是一种公共用品，可降低交易费用。

巴泽尔在其著名的《国家理论》中说道："人类社会一开始是处于霍布斯丛林的，建立国家源自保护需求"。

巴泽尔认为的"霍布斯丛林"，其实就是"公地悲剧"。在国家创建之前，地球上有大量的无主的公共资源，人们可以无尽地享用。但是，随着人口增多，人们开始过度使用公共资源，导致土地贫瘠、资源锐减，进而引发公共资源争夺战。

这时，公共资源就引发公地悲剧，导致租值消散。为了降低风险，人们选择"强人"如族长、领主、国王以寻求庇护。这种内部交易的条件是，人们需要向政治强人纳税，政治强人提供安全防卫等公共用品。

这时，国家就诞生了，公共用品也诞生了。

诺斯和托马斯在《西方世界的兴起》中讲述了法国的例子：在法国，15世纪的无政府状态——一切所有权在这一乱世都得不到保障——致使三级会议将征税权让给了查理七世，以求得君主对增强秩序和保护，以免雇佣帮伙和英国入侵者掳掠的允诺。

政治强人创建的国家机器，为人们提供了和平与安全、国防、法律、道路这些基础设施，无疑降低了交易费用，产生了乘数效应、规模效应。这是国家制度和公共用品的经济价值。

但是，"法国国王在履行诺言的过程中肃清了他的势均力敌的对手，使王室能更好地要求增加在政府所产生的社会储蓄中的份额"。这就为法国大革命埋下了伏笔。

这时，国家制度就变成了"人为经济衰退的根源"。

如何解决这个问题？

人类社会的历史，是一部集体行动的历史。集体行动会不可避免地出现搭便车行为，并且引发公地悲剧。所以，人类社会的历史，其实是一部解决"公地悲剧"的历史。

人类社会早期，市场交易的条件不成熟，如信息不流通、缺乏货币、剩余产品不足等，导致市场交易费用畸高。当时，交易是一种冒险行为，分工只会增加死亡的概率。

与其交易，不如占有、偷窃、抢夺，甚至发动战争。国家诞生之前，公共资源引发公地悲剧。现代市场出现之后，大量的公共资源、无主之产被确权，进入竞争性市场进行交易，公地悲剧和租值消散大大减少。同时，现代国家制度的出现，能够减少混乱、保护财产，可以降低交易费用。

所以，当时解决公地悲剧的最好办法就是制度确权和引入市场竞争。

先看制度确权。

新制度经济学家罗纳德·科斯主张通过明确产权启动市场，以解决公地悲剧。在《西方世界的兴起》中，诺斯和托马斯探索了公元900年之后的西欧世界的制度变迁。他发现，产权是否明确、是否得到保护，决定了西欧国家的历史进程。

西班牙的征税权被王室掌控。羊主团是西班牙王室的稳定税源，国王赋予羊主团特权，允许他们的羊随意去吃农民的庄稼，导致农民的产权得不到保障。同时，西班牙王室经常向商人借钱不还，甚至导致福格家族灭亡，国家信用崩盘。

法国的征税权被法王掌控。法王可以直接向农民征税，向商人借钱，借钱又不还，甚至直接侵占其财产。

这些制度是低效的，没有保护产权，缺乏激励性。

相反，尼德兰执政官的统治力弱，他们只能以鼓励商贸、发展金融来获取更多的税源。比如，1537年出台法律承认票据转让有效。他们建立了一个低利率的资本市场，催生了现代金融市场，把利率水平从1500年的20%~30%降低到1550年的9%~12%，到了17世纪甚至下降到3%以下。

英国王室的权力被强大的棉纺织商人及贵族集团制约，国王不得随意征税。1642年英国出台垄断法，禁止王室垄断，同时还设立专利保护制度，保护技术创新，鼓励外国人从欧洲带入新技术。

其实，在16世纪左右，西欧国家都面临财政危机，而王室处理财政危机的办法决定了这些国家的历史进程。

所以，历史告诉我们一条经验：制度确权。

首先，能确权的尽量确权，个人产权越明确，信息越透明，市场效率越高，公地悲剧越少。其实，中国改革开放的成功经验，便是制度确权。为了降低确权的成本，改革者"曲线救国"，采纳了经济学家张五常"使用权优于所有权"的建议，实施土地批租制度，推行土地使用权改革。虽然使用权制度的交易费用比所有权制度高，但城市国有土地的使用权改革依然极大地激发了国人的积极性。

再看引入市场竞争。

作为全国首个基础设施高质量发展试点城市,在"新基建"发展过程中,深圳大力引入市场竞争机制,大量启用社会资本。深圳在电子信息等市场领域的技术和资本积累丰富,政府可以更好地借助市场发展新基建。

2020年7月,深圳发布《深圳市人民政府关于加快推进新型基础设施建设的实施意见(2020—2025年)》,强调到2025年,新型基础设施建设规模和创新水平位居全球前列。深圳大力投资信息基础设施、融合基础设施和创新基础设施,包括5G、工业互联网、智能制造、综合性国家科学中心等项目。首批新基建项目总计95个,总投资4119亿元,其中,社会投资项目34个,总投资2447亿元,投资占比60%。

参考文献

[1] 保罗·萨缪尔森,威廉·诺德豪斯.经济学[M].萧琛,译.北京:商务印书馆,2013.
[2] 约翰·斯图亚特·穆勒.政治经济学原理[M].金镝,金熠,译.北京:华夏出版社,2013.
[3] 大卫·休谟.人性论[M].关文运,译.北京:商务印书馆,2016.
[4] 小宫隆太郎.日本的产业政策[M].黄晓勇,韩铁英,吕文忠,等,译.北京:国际文化出版公司,1988.
[5] 道格拉斯·C.诺斯.制度、制度变迁与经济绩效[M].杭行,译.上海:格致出版社,2008.
[6] 约拉姆·巴泽尔.国家理论[M].钱勇,曾咏梅,译.上海:上海财经大学出版社,2006.
[7] 道格拉斯·诺斯,罗伯特·托马斯.西方世界的兴起[M].厉以平,蔡磊,译.北京:华夏出版社,2009.

如何发展县域经济？

主要观点：近些年，大规模跨省人口流动的格局发生了改变，省内流动和回流现象成为主流，而疫情无疑加速了这一趋势。人口流动格局演变的背后是区域经济和城市化格局的变化。发展大城市群经济与县域经济是中国当下城市化的两大方向，而城市治理能力对区域经济发展起到重要作用。

2022年，新冠肺炎疫情全国暴发，大城市的物流、商务、商业与生活，变得紧绷、紧张以及充满不确定性。

疫情让城市"打工人"再次想到了"回乡"，这种心理在2020年后显然强化了。在深圳靠近口岸的一些城中村，每当有疫情相关消息传来，总是有人连夜"提桶跑路"。长期以来本就存在于城市化过程中的难题、困境更为突出。城市的高房价，让年轻的打工人望而却步。回到县城，是许多人的重点考虑项。

人口回流这一现象的确有一些数据支撑，2021年尤为突出。但需要明确：人口回流在疫情之前就已有迹象；影响人口回流的因素很多，主要与大城市治理和宏观经济走势有关，疫情只是深化或者扩散了这种"回流"心理。

01
人口流动：留或走

2021年，全国40个城市中一线城市和二线城市的人口增量表现出截然相反的趋势。

从增量绝对值来看，人口增加超过20万的只有4个城市：武汉新增人口120万人，是同年全国唯一新增人口超过30万人的城市；成都新增人口24万人；杭州新增人口23万人；西安新增人口20万人。此外，人口增量超过10万人的城市有9个，包括南昌、长沙、青岛、宁波、贵阳、郑州、南京、嘉兴、厦门，均为二三线城市。

而北京、上海、广州、深圳四大城市的人口增量分别为-0.4万人、1万人、7万人、4万人，在2021年全国人口增量城市分布中落于低位。曾经火爆网络的"逃离北上广"在如今疫情之下成为了现实。

北京市的常住人口在2016年达到2195万的高峰后，从2017年开始连续下降。广州、深圳人口没有显示负增长，但是增速已经十分乏力。

2021年，一线城市的人口增量齐齐"走下坡"，难道大城市对打工人的吸引力真的变弱了吗？

需要注意的是，北上广深都有主动限流因素，仅看这四大城市的人口流动可能会被误导。我们可以用乡村流向城市的人口规模变化的数据来补充分析这一现象。"七普"数据显示：2020年全国农村人口总流出规模是2.86亿，占我国全部流动人口的76.3%。而这些农村人口超过90%都是流向城镇，2020年全国乡村流向城镇的人口规模达到2.72亿。

2.72亿农村流向城镇的人口中，跨省流动人口从"六普"时期的5500万上升到"七普"时期的8200万，增加了49%；省内流动人口从7800万上升到1.9亿，增加了143%。而且，跨省流动的人口占比从"六普"时的41%降为"七普"时的30%。

增速对比差异巨大，即过去十年间我国乡村流出人口中，跨省、远距离的流动增速放缓了，而省内流动的规模增长较多。

若按照行政区域划分，人口流出还有更加细分的统计：农村流入城镇的2.72亿人里面，流向县城内的8200万；流向县城外且省内的1亿；跨省流动的8200万。

过去十年间跨省流动格局的变化说明了什么问题？

长期以来，大规模跨省人口流动的格局发生了变化，省内流动和回流现象成为主流。

这一数据，其实从更长远的时间线补充了2021年各大一线城市人口增量滑坡的变化。导致2021年人口增量减缓的因素的确包括疫情的短期冲击，但也必须看到，在更长远的时间里，乡村人口的大规模、远距离流动意愿越来越弱。

相比之前"冲向北上广深"，如今的年轻人更愿意留在本地或附近的城市。这一迹象可能与网络上普遍的"躺平"心理相契合。更接地气的说法是，回县城考编，是"无穷无尽的彼岸"。当然，考编青年只是其中的一部分，它反映的是某种趋势。

农民工规模的变化，对于人口流动的研究也有重要参考意义。农村人口流出规模占我国人口流动规模比重超70%，而农村向城市的人口流动中，农民工是一大主力军。

2021年农民工总量2.9亿人，外出农民工1.7亿人，留在本地农民工1.2亿人。在外出的农民工中，留在本省的农民工有10042万，跨省流动的农民工有7130万。

从绝对值上看，外出农民工规模长期超过留在本地的农民工规模。但近十年来，外出的农民工占总量的比重不断下降，2008年占比为62.29%、2015年为60.85%、2021年为58.71%。而且，从2011年到2020年，外出农民工规模增速一直低于本地农民工规模增速。2011年，本地农民工规模增速为5.93%，外出农民工规模增速为3.44%；2020年受疫情影响，两者均为负；2021年本地农民工规模增速为4.12%，外出农民工规模增速为1.26%。

从行政划分上看，从2011年起，外出农民工中省内流动的农民工规模一直超过跨省流动的农民工规模，而且十年来这两者差距持续拉大。

2010年，跨省流动农民工占比为50.32%、省内流动农民工占比为49.68%；而2011年，跨省流动农民工占比下降为47.11%，随后逐年下降，2021年，这一数字为41.52%。而且，跨省流动农民工规模从2015年开始基本为负增长；省内流动农民工规模虽然在增长，但是增速越显疲弱。

可见，2011年，农民工外出流动无论是增速还是比重均发生了格局性的变化。从这一年往后，农民工外出流动尤其是跨省流动的趋势一直在减弱。而到了2020年，疫情又加剧了这一趋势，不仅当年农民工外出规模首次出现负增长，2021年外出农民工的总量也均少于2017年、2018年及2019年。相比之下，本地农民工数量倒是增长强劲，与2017年相比，2021年的外出农民工规模减少了0.08%，而同年的本地农民工规模增加了5.34%。

农民工调查数据显示，初中文化程度的占56%（2021年），40

岁及以下农民工所占比重为48.2%、50岁以上农民工所占比重为27.3%（2021年）。不比能够随时在互联网上查到官方渠道，可以采取发起小圈子求助等多种手段的年轻人，农民工对大城市运作秩序、环境较陌生，与外界互通信息困难。

因此，疫情下的不确定性、不安全感让更多农民更愿意留在本地谋生。

但是，这十年来的发展趋势在疫情暴发之前已然定型，疫情暴发后的情况更说明了一点，农民工群体更愿意留在本地，即便外出打工，也更倾向于本省。

在过去快速的城市化中，大量务工人员来到城市，谋取就业机会，赚取更多收入。而现在，乡村人口外流的放缓是否说明大城市正在失去吸引力？那些真正回流到县城的打工人，能否找到合适的工作？

事实上，对于人口回流这一现象，我们不能忽略实情而单纯判断，应从城市与乡村两方面进行分析。

02

城市治理：增和减

我们先看城市发展与治理问题。虽然疫情是这两年城市人口增长放缓或者停滞的部分原因，但大城市人口增量放缓的原因，需要先从自身找起，特大城市因"大城市病"而造成的人口流失早有迹象。

伴随着中国城市化的进程，大城市人口急剧扩张、农村人口大量外流，大城市也出现了"大城市病"：环境污染、交通拥堵是城市的"老大难"，医疗教育资源供给过少、房价过高是大城市的新问题。"大城市病"成为劝退打工人的重要原因。

为何会形成大城市病？很多人第一反应是大城市的人多，然而"大城市病"与人口规模的绝对值无关，其本质是城市治理问题。

以东京为例。日本首都东京都市圈的人口密度居亚洲乃至世界前列。从人口和面积上看，2018年东京都市圈人口达到了3600万，东京都市圈面积达到1.3万平方千米，略小于北京；而东京都市圈汇集了4300万人口，覆盖面积达到3.6万平方千米，从这一圈层来看，东京装下了日本全国1/3的人口。

看上去，东京人已经够多了，但与日本地方人口衰减趋势相反的是，东京都市圈的人口还在缓慢增长，仍然在源源不断吸引和养活着更多就业人口。毕竟，东京聚集着日本一半以上的大企业和外资企业。

"二战"后，日本城市规划、首都圈建设委员会分别于1954年、1958年做过研究，分别提出过"大城市肯定论"与"大城市否定论"两种论调，1959—1989年也曾出台四次首都圈建设规划案，虽然其中有对东京规模扩张的抑制，但是碍于多种现实、政治因素而并未成功。例如，中央政府与地方政府的分歧导致中央政府难以强力干预；再如，私有土地制度下，不同功能用地下的土地溢价差异也让城市规划敲定过程中卷入了不同的利益游说团体。

到了20世纪80年代，随着日本对国际化的追求，东京需要集中金融资源以强化国际金融城市的角色定位。其间，工业企业自发向东京周边地区扩散，东京中心城区日渐扩张，周围的都市圈也容纳了东京人口。如此，受各种因素影响，东京都市圈不断扩张，形成了如今的城市格局。一定程度上，这的确是自发形成的城市格局。

规模不断扩张的东京圈也有过典型的"大城市病"。20世纪60年代，随着汽车大众化，东京交通一度拥堵到需要交通厅出警巡逻，日本只能通过兴建高密度的公共轨道交通来治理交通拥堵问题。

如今，市郊铁路公共轨道承担了东京圈近一半的通勤出行。民营公司是日本铁路市场的主要角色，如日本铁路公司（JR）、东京地下铁。JR前身是日本国有铁路公司，1987年，持续亏损的日本国铁改革，分割为多家自负盈亏的民营公司，效益逐渐好转，2016财年，JR东日本运输收入达到1.9万亿日元。

从分工理论来说，"从单一的相对独立的大城市向大城市圈发展，并实现城市中心诸功能的圈内分散与分工是城市化发展到一定程度时必然出现的现象，带有某种普遍规律"。

当然，像东京这样"一极集中"的城市格局是东亚城市格局的"通病"。

中国的城市化进程中，许多城市喊出了相同的治理口号："瘦身""郊区化"，以清退制造业、提高入户门槛、车牌摇号等行政手段来控制城市规模。甚至，控制城区的常住人口占比也被视为特大城市治理的一个指标。在这种要求下，人口被迫向郊区转移，但是郊区没有相应产业承接，反而带来了沉重的通勤成本。

限制、清退这种做法并不符合城市发展规律。比如，一线城市的交通拥堵主要是城市规划和公共交通不足造成的，通过车牌摇号来暂时缓解拥堵问题。

所以，限制城市发展规模并非上策，也不应成为一个普遍性应对手段，应当将重心转移到提高城市规划、治理、技术等管理能力上。

当然，对城市青年来说，高房价是最大的压力，也是导致人口流失的重要因素。这是新的"大城市病"。

以深圳为例。深圳关内房价以8万元/平方米来计算，普通职工收入每月1.5万元，月收入与房价比为0.18；关外房价以5万元/平方米来计算，普通职工收入每月7000元，月收入与房价比为0.14。可见，靠打工赚钱购房的难度极大。再来看县城，只有少部分县城房价过万，大部分还是五六千，以6000元/平方米来计算，普通职工收入每月3000元，月收入与房价比为0.5，可见县城的购房难度要比深圳小得多。

人口、资本与技术集中，市场繁荣，城市土地单位产值增加，土地及房价上涨是城市与市场发展的结果。但是，如今城市的高房价也有"额外"因素，比如土地供给单一、货币因素。

在城市，由于公共教育资源不足与分布不平衡，要上好学校必须购买高价学区房，这进一步加重了城市购房及生存负担。2021年，全国外出农民工有1.7亿人，他们中一些孩子没有跟随父母就地入学，成了留守儿童。如果这些农民工的孩子都在城市入学，城市的学位将更加紧张。然而，人的城市化才是真正的城市化，人应在城市居住、入学、消费、养老，而不仅仅是打工。

城市房价高、上学难是打工人的"劝退符"。一些人更倾向于在附近城市工作，以更好地照顾小孩和老人。当然，这里没有算上预期。很多青年愿意来大城市打拼，看重的是未来，预期收入能够快速上涨。大城市的收入预期确实要比县城更好，但收入预期增速不能跑赢房价。另外，三年疫情对大城市的冲击非常大，这也改变了很多人在大城市打工的收入预期。这也是打工人离开大城市的重要因素。

从城市治理的角度看，应将新冠肺炎大流行作为一个案例去观察当下城市管理服务能力。传染病抑或突发自然灾害等非常规事件，可以暴露出城市治理的短板。大城市该如何应对流行病？

流行病是城市的难题，但应对流行病的方法也存在于城市。市场、技术、药品、疫苗，这些是应对流行病的根本，也是城市的优势。

03
两种规则：城与乡

城乡发展，2022年以县城为热。

疫情之下，国内的城市规划也出现了新的变化。2022年5月，《关于推进以县城为重要载体的城镇化建设的意见》出台。这个文件指出了城市化的新方向，那就是县城。

为什么会是县城？

文件中提到，"县城是我国城镇体系的重要组成部分，是城乡融合发展的关键支撑，对促进新型城镇化建设、构建新型工农城乡关系具有重要意义。"

如何理解？

这个安排有多方面考虑，笔者认为可以关注两点：

第一，就当下来说，疫情之下大城市瓶颈凸显。

大城市是中国经济增长的龙头，如今却遭遇疫情冲击。大城市经济活力下降，宏观经济增长怎么办？人口回流，流回乡镇、县城的农民工、打工人怎么就业？

2022年经济数据靠大基建来支撑，大基建投向哪里？政府更愿意投资大城市，因为大城市的基建投资回报率高一些。但是，很多基建项目靠专项债融资，对项目质量的要求更高。于是，大基建投资的方向转向县城。文件指出，"推进以县城为重要载体的城镇化建设，有条件的地区按照小城市标准建设县城，加快县城基础设施补短板强弱项"。县城基建投资主要包括对水电基础设施、公共交通基础设施、消费商业、社会福利设施等的投资。

数据显示，县级的人均市政公用设施固定资产投资只有地级及以上城市城区的1/2左右，县级的人均消费支出只有地级及以上城市城区的2/3左右。

一方面，县城人均基建水平确实不如大城市；另一方面，基建投资提振回流人口的就业和消费，支撑宏观经济数据。

这是针对疫情之下城市发展状况不佳的权宜之计，也是增加县城与乡镇公共用品的应有之策。

第二，试图依托县城来统筹城乡发展。

当前对县城基建的关注，其实是希望加快农村的城市化进程。文件特别提出了农业转移人口市民化机制，通过教育、医疗、住房一系列的保障措施确保农业转移人口落户县城后能享受平等待遇，此外还要求增加人口对应规模用地指标、财政转移支付挂钩指标来支持这一项转移。

统筹城乡发展是我国在乡村发展问题上的长期要求。显然，过大的城乡差距将会带来严重的社会问题,"城市病"也是城乡差距的一种表现。

城乡家庭资产差距的巨大,是城乡差距最现实的表现。

住房和城乡建设部村镇建设司原司长李兵弟列出数据:我国城镇商品房大概有270亿平方米,社会资产价值接近300万亿元;农村地区房屋大概有220亿平方米,但是资产价值只有20余万亿元。

谈及此问题,很多人会陷入城与乡的对立思维。有些人简单地认为,城市的发展来自资源的集中,尤其是对农村、乡镇、县城资源的吸收。比如,农民工、大学毕业生大规模地从农村奔赴大城市。实际上,有些乡村、城镇凋零的直接原因就是人口流失。这次文件还特别提出了"人口流失县"的概念。于是,有些人提出就地城镇化的策略,就是让人返回农村,使人口集中在农村,农村变城市。

其实,这一想法并未真正理解城市的本质。当今县城城镇化建设的提出,不应从转移、抢夺城市资源这个角度去理解。

根本上,当下中国的城与乡,实行的是两种完全不同的规则。

城市的灵魂不在城,而在市。无市之城是城堡、城邦,以市立城,才是现代文明之城。

大城市的发达源于大市场的繁荣、人才和信息的聚集以及种种生产要素能够自由流动,而现代商业是在合作、交流和交换的基础上发展起来的。农民工为何进城?农村的大学毕业生为何进城?

20世纪80年代我国实施了城市土地改革,城市土地可以流通,吸引资本、企业进入,工业园兴起,工厂建成,农民进城打工赚钱。农村土地价值没有释放,资本、技术和人才无法进入农村和农业,农村的资产缺乏流动性,难以增值。所谓农民进城打工,其实是到市场中赚钱。

土地要素制度的不同，其实是城乡两种规则的表现之一。另外，城乡治理也是市场发展的必要条件。

改革开放以来，城市治理得到很大的改善，所谓改善其实是在适应市场，按照市场规律来管理城市。比如，降低入户门槛、降低公司注册门槛等，这些政策可以促进资本与人才的流通。

反过来说，如果大城市的治理跟不上市场的发展，自然会出现所谓的"大城市病"。如果采取限制交通、控制人口的方式治理"大城市病"，定然会削弱城市的活力、市场与创造力。这是一种"拉下来管理"的策略。而且，这背后还有优质公共资源垄断与争夺的因素。

与大城市相比，乡村和县城的治理与市场的发展还有一定的距离，现实中，一些习惯了大城市追求高效、快速的规则的人回到县城后，必定会为熟人文化体系下运转的另一种规则而困扰。乡村和县城市场不兴，靠政府投资基建难以为继，回流的人口也无法持续就业与增收。如今，大小城市的治理问题给年轻人带来一种漂泊与分裂的困苦："大城市容不下肉身，小城市装不下灵魂"。

基础设施衔接互通是第一步，关键在于农村土地制度改革、县城及乡村治理改善，让资本、技术和人才要素进入农村，农村立于市、县城繁于市，城乡两市要素相互融合才是真正的城乡融合，才是真正的城镇化。

回到开头的数据，很难单纯判断人口回流抑或人口新增是一个正面抑或负面现象，在一切要素可自由流动时，一切都是应有现象。

流动的人口是维系城乡关系的灵魂要素。倘若流动停止，那将会真正带来割裂与停滞。在要不要回县城这个问题上，不应给打工人"额外"的困苦。

参考文献

[1] 林小昭. 40城人口增量：武汉第一，北上广深合计仅增12.48万[EB/OL]. 第一财经，2022-05-11.https://baijiahao.baidu.com/s?id=1732524096284507338&wfr=spider&for=pc.

[2] 陈明星. 人口流动空间模式与县域新型城镇化的认识[EB/OL]. 规划中国，2022-05-16. https://mp.weixin.qq.com/s?__biz=MjM5Nzc3MjYwMQ==&mid=2650702347&idx=1&sn=c8384ece50f14c60cbe8536ddf6081c0&chksm=bedece5d89a9474bb9ca8bbc74ad300a2a0b69816e6ac9a6e17d6d15ddb7cef6d81b9cac3281&scene=27.

[3] 谭纵波. 东京大城市圈的形成、问题与对策[J]. 国外城市规划，2000（2）.

如何走出地产困境？

主要观点：房地产是国民经济中非常重要的产业，同样，房地产的泡沫化风险也威胁着国民经济的安全。在这轮去泡沫化过程中，房地产市场整体处于下行态势，部分大型房企出现债务违约风险，同时地方国有土地出让金收入下降。楼市调控政策、信贷政策与财政政策的有效协同，是化解本轮房地产泡沫风险以及避免风险外溢的关键。

01
两种政策

2022年第一季度，房地产市场出现两种调控政策：地方松绑政策和流动性限制政策。

先看地方松绑政策，主要分为两大块：

一是百城松绑。截止到2022年4月，全国超过100个城市给房地产政策松绑，4月前半月，就有苏州、南京、衢州、淮北、大连、秦皇岛、兰州、台州等17个城市放宽了限购、限贷、限售政策；

一些城市政策急转弯，从限制性政策转向鼓励性政策，重启棚改货币化，提供购房补贴。

二是百行降息。百行降息不是一百家银行降息，而是全国超过100个城市的银行下调了个人房贷利率。比如，2022年4月，杭州的一些银行将首套房利率从5.7%下调到5.3%，广州、苏州的一些银行将房贷利率调到5%以下。佛山、温州、南通、重庆、驻马店等城市的银行下调首套房首付比例，福州、晋中、南宁等城市的银行下调公积金购房首付比例。

加入松绑大军的，既有郑州、南京、杭州、哈尔滨、苏州、青岛、重庆等二线城市或新一线城市，也有衢州、温州、南通、绵阳、晋中、宜昌、黄石、咸宁等三四线城市。

就说郑州吧。郑州是近些年新一线城市的典型代表，又是省会城市中最先破局的城市。2022年3月1日，郑州发布房地产新政，我们主要看这三点：一是鼓励老年人来郑州投亲养老，允许其投靠家庭新购一套住房；二是下调住房贷款利率，同时对符合条件的二套房实施首套房贷款政策；三是重启棚改货币化，鼓励拆迁群众选择货币化安置。另外，郑州在实际执行中"取消二手房交易20%差额税"。

郑州成为2022年全国第一个全面放松限购限贷的城市。郑州为什么着急全面松绑楼市？

原因很简单，那就是房价下跌，经济增速下行，土地出让金萎缩。郑州是过去被热炒的新一线城市，中原人口大量流入，房价在2014年之后迅速上涨，到2018年7月达到高点，新房每平方米均价1.37万元。但是，接下来房价开始走下坡路，尤其是2021年夏天水灾过后，新房和二手房量价齐跌，2021年郑州全年新房销量不到

2018年的一半。到2022年1月,新房每平方米均价回落到1.15万元。郑州房价已经连跌4年,土地出让金也连续四年下降,土地溢价率接近腰斩。同时,2021年,郑州的GDP增速仅为4.7%,低于全国平均水平。

2022年是中国房地产政策的松绑大年,是三四线城市的救市大年。接下来,预计三四线城市会取消限购限售政策,大部分二线城市也会松绑楼市,甚至北上广深都有调整的可能。

但是,地方政府的救市政策并未能改善房地产的状况。相反,3月,房地产市场在1月、2月的基础上全面下行。这是为什么?

3月房地产市场跌入冰点有疫情的因素,但放到整个季度来看,或与其他同样受到疫情冲击的行业相比,流动性问题才是房地产市场低迷的主要原因。流动性问题既包括深层次的宏观经济和家庭收入增长问题,也包括直接的银行流动性限制问题。

讲完地方松绑与救市政策,再来看中央银行及监管部门的限制性政策。

2022年第一季度社会融资规模增量累计为12.06万亿元,比上年同期多增1.77万亿元。不过,住户贷款占比从2021年第一季度的24.9%下降到2022年第一季度的10.4%,下降幅度非常大。

数据显示:1—3月,房地产开发企业到位资金3.8万亿元,同比下降19.6%。其中,国内贷款下降23.5%;利用外资下降7.8%;自筹资金下降4.8%;定金及预收款下降31.0%;个人按揭贷款下降18.8%。[①]

---

① 2022年1—3月份全国房地产开发投资增长0.7%[EB/OL].国家统计局官网,2022-04-18. http://www.stats.gov.cn/xxgk/sjfb/zxfb2020/202204/t20220418_1829718.html.

第一季度，央行降准又降息，广义货币、社会融资和银行信贷都高速增长，但是房地产市场的资金不增反减。这是为什么？

原因可能有很多，但直接的因素可能是2020年下半年开始实施的"三道红线"和2021年开始实施的"五档分级"信贷政策。简单说一下，"三道红线"是针对所有的开发商划出的三个标准，如果开发商不符合这三个标准，就不能增加有息负债，不能从银行获得有息贷款。"五档分级"是针对银行房贷的管控，对不同级别的银行，设置了房地产贷款占比上限、个人住房贷款占比上限。比如，八大行的个人住房贷款占比上限不能超过32.5%。

这两项政策实施后，2021年房地产市场的流动性迅速下滑，整个行业进入寒冬，恒大、华夏幸福等大型房地产企业陷入债务危机。虽然2022年第一季度超过100个城市的商业银行下调房地产利率，但是房地产市场的流动性规模却被限制。面对第一季度的房地产形势，央行仅仅通过下调利率做些边际改善，比如金融"23条"提到"因城施策实施好差别化住房信贷政策，合理确定辖区内商业性个人住房贷款的最低首付款比例、最低贷款利率要求"。

为什么央行及监管部门不放松流动性限制来拯救楼市？

其实从2019年底开始，在地方层面，房地产还是财政和经济稳定的基础；但在中央决策层面，房地产对于国民经济的作用已经减小，不再作为拉动经济增长的动力，反而成为滋生金融风险的隐患。随之，中央银行及监管部门给房地产设置高压线，抑制房地产泡沫，控制系统性金融风险。

所以，第一季度出现了两种不同的房地产政策，政策的主体不同，具体目标也不同。在地方层面，房地产市场下行，地方经济增速下滑，土地出让金收入下降，超过100个城市放松或解除限购限售政策，甚至提供购房补贴，刺激楼市。但在中央银行及监管部门，依然保持着对房地产流动性的限制政策，坚持去泡沫化。

问题来了，地方政府土地财政依赖度高和负债率高，房地产市场持续下行，难道不担心土地出让金收入下滑冲击地方财政及债务吗？

02
两种财政

以上问题困扰着市场。要知道，在中国宏观经济中，房地产市场（含周边行业）贡献约30%的GDP和超过40%的财政收入，构成70%的家庭资产。

2020年，新冠肺炎疫情大流行的第一年，地方政府的"土地财政"达到巅峰。全国土地使用权出让收入84142亿元，同比增长15.9%，创下了新纪录。全国土地使用权出让收入与全国地方一般公共预算本级收入的比值是0.84。土地财政依赖度超过100%的城市有20个，超过50%的城市有40个。

土地财政迅速增加的背后是地方债务规模的增加。2017年，全国地方债务余额首次超过了国债余额。2020年末全国地方债务率（显性债务余额/地方综合财力）超过97%，逼近国际警戒区间下限（100%）。另外，全国地方隐性债务规模大、风险高。

近些年，市场对中国地方政府的"土地财政"和债务风险感到担忧。如果房地产泡沫崩溃，那么地方政府的财政收入必然下滑，甚至还可能引发地方债务风险与银行风险。

2022年第一季度，全国国有土地使用权出让收入11958亿元，同比下降27.4%。中指研究院的数据显示，1—3月，全国300城住宅用地出让金达3089亿元，同比下降62.04%；成交楼面均价同比下跌6.4%；平均溢价率为4.4%，较2021年同期下降13.4个百分点。前100家房企拿地总额2271.6亿元，拿地规模同比下降59.3%。[①]

难道地方政府不担心财政收入下降和债务风险吗？

财政收入是透视房地产走向的关键指标。中国财政分为中央和地方两级，其中中央财政收入主要依托于一般性公共预算收入，也就是税收收入，对房地产的依赖度较小；反之，地方财政对房地产的依赖度很大。但是，近些年地方财政也分化为两种：一种是上面讲到的省级以下的土地财政，另一种是省级及计划单列市的专项债财政。

地方财政分为四个账本：一般公共预算收支、政府性基金收支、国有资产经营收支和社会保障收支。其中，一般公共预算收入主要是税收，政府性基金收入主要是土地出让金。2008年之后，土地出让金的规模越来越大，政府性基金收入紧追一般公共预算收入。这说明土地财政依赖度越来越大。

地方政府中的省级政府近些年来试图摆脱对土地财政的依赖。实际上，从2018年开始，随着房地产棚改货币化落幕，中国地方财政迅速进入一个新阶段：省级地方政府的政府性基金逐渐从土地出让金收入转向专项债。

地方债分为一般债和专项债。一般债依托于地方一般公共预算

---

① 张达. 一季度7城完成首轮土拍 七成百强房企未拿地[N]. 证券时报，2022-04-06.

收入，主要是税收，用于经常性支出；专项债依托于土地及项目收入，重点用于交通基础设施、能源、农林、水利等九大领域。近些年，一般债新增规模下降，专项债新增规模大幅度增加。

从2018年开始，在地方债中，一般债发行规模迅速下降，而专项债规模快速增加。数据显示，2018年，全国地方政府一般债新增22192亿元，专项债新增19460亿元；2019年一般债新增17742亿元，专项债新增25882亿元；2020年，一般债新增下降到9800亿元，专项债新增37500亿元；2021年，一般债新增8000亿元，专项债新增34676亿元。

需要注意的是，专项债发行主体是省级政府和计划单列市，地级市和县政府不能独立发行。地级市和县政府要发行专项债，必须归口到省级政府来发行和管理。这就是省级及计划单列市的专项债财政。

这样一来，补充了专项债的省级政府对房地产下行的容忍度更高，更可能与中央一致保持对房地产的限制性政策。

2022年第一季度，全国政府性基金预算收入同比下降25.6%，其中，全国土地使用权出让收入同比下降27.4%。反之，全国政府性基金预算支出达到24787亿元，同比增长43%。[①] 全国政府性基金预算赤字达10945亿元。

土地出让金收入下滑，靠什么来弥补这项赤字？

答案就是专项债。2021年12月，中央财政提前下达地方2022年新增专项债的额度为1.46万亿元。截至2022年3月末，已发行1.25万亿元，占提前下达额度的86%。2022年一共发放3.65万亿元

---

① 财政部国库司.2022年一季度财政收支情况[EB/OL]. 财政部官网，2022-04-20. http://gks.mof.gov.cn/tongjishuju/202204/t20220420_3804357.htm.

专项债，要求在6月之前把大部分发下去。

我们可以简单算一笔账。2021年，全国土地使用权出让金总收入8.7万亿元，而专项债新增3.4万亿元。2022年第一季度，全国土地使用权出让收入减少了3000多亿元，但专项债增加了1万多亿元。如今，地方政府新增债务主要是专项债，土地使用权出让金收入下降的空缺主要靠专项债来填补。

到这里，笔者总结以下三点：

第一，自2018年开始，地方财政正在从土地财政进入财政专项债化阶段。

从1994年分税制改革到2017年，中国地方财政经历了税收、税收与土地财政、土地财政及其棚改货币化、土地财政货币化及专项债四个阶段。从2018年开始，地方财政逐渐从土地财政及其棚改货币化阶段进入土地财政货币化及专项债阶段。地方政府的政府性基建收入从追逐土地出让金转向土地债券，即政府通过专项债提前将"土地财政"变现，后面的土地使用权出让金收入只是在还前面的专项债。

第二，2022年，政府稳经济主要靠稳基建，而不是房地产。

在第一季度已发行的专项债券中，支持市政和产业园区基础设施4157亿元、交通基础设施2316亿元、社会事业2251亿元、保障性安居工程2016亿元、农林水利1004亿元、生态环保468亿元以及能源和城乡冷链等物流基础设施251亿元。

专项债投向基建的比例节节攀升，从1月的38%上升到3月的53%。第一季度，广义基建投资累计同比增长10.5%，单3月同比增长11.8%；狭义基建投资累计同比增长8.5%，单3月同比增长8.8%。细分行业来看，电热燃水3月增速为24.4%，交运仓储邮政8.9%，水利公共设施9.4%，教育投资15.2%，卫生和社会工作22.2%。

基建的高融资、高投资、高增长，与房地产市场形成鲜明对比。第一季度，全国固定资产投资104872亿元，同比增长9.3%。其中，基础设施投资同比增长8.5%，制造业投资同比增长15.6%，而房地产开发投资仅同比增长0.7%。

第三，两种财政政策基本上决定了两种房地产政策。中央财政以及获得专项债补充的省级财政对土地财政下滑的抗压性较强，能够与中央银行及监管层面的限制性政策进行配合。但是，高度依赖于土地财政的地级市和县政府则积极拯救楼市，希望增加地方财政收入和拉动经济增长。

03
两种困境

接下来，政策的走向会怎样？

其实，"土地财政"和财政专项债化都面临一些难题。

土地财政还是老问题，高度依赖于房地产，一方面担心房价上涨引发泡沫危机，另一方面担心房价下跌引发财政和债务风险。

仅从经济来看，房地产泡沫可能引发系统性金融风险。如果"三道红线"和"五档分级"信贷政策解除，在流动性宽松的当下，房地产市场会怎样？全国各大小城市纷纷松绑楼市、拯救楼市，既给钱又给政策，房价会不会继续大涨？

可以先看看郑州的情况。郑州房地产新政是2022年3月1日发布的，发布两周后，新房成交量较前两周上升4.3%，二手房成交量较前两周上升10.9%。从整个3月来看，新房成交量比2月增加53.07%，二手房成交量比2月增加57%；但是，进入4月，新房和二手房的成交量均呈下降趋势。再看价格，3月，郑州新建住宅价格环比下跌0.27%，二手住宅价格环比上涨0.06%。

郑州新政在3月取得的效果基本是成交量反弹，新房价格下降，二手房价格微弱上涨。

如果房地产信贷限制性政策解除，三四线城市的救市政策估计也很难扭转房价下跌的趋势。三四线城市的救市政策只能算是保底策略，尽量保交楼、救项目、兜财政，并不能振兴楼市和拉动经济增长。但是一二线城市可能分化，部分城市房价在信贷宽松的支持下还可能继续上涨。

另外，2022年中美两国货币政策相背离，房地产泡沫化和资金外流压力会增加。

所以，如果完全解除房地产信贷限制性政策，部分城市的房地产泡沫化风险会加大。但如果房地产信贷限制性政策不解除，房地产市场继续下行，县市级土地财政收入和债务风险也会加大。

2022年第一季度，只有3个省（直辖市）的土地使用权出让金收入增速为正。黑龙江、宁夏、天津、西藏等省份土地出让金增速大幅下降，降幅均超80%。按城市划分：第一季度，一线城市的土地出让金为810.4亿元，同比下降50%，占全国比重的13%，二线城市的土地出让金为2003.2亿元，同比下降59%，占全国比重的32%，三四线城市的土地出让金为3409.75亿元，同比下降49%，占全国比重的55%。

左边是泡沫风险,右边是债务风险,如何破局土地财政依赖症?

我们再看财政专项债化。

财政专项债化说明中国正在启用省级政府的公共信用融资来缓解地方财政压力和债务风险。但是,这样也会陷入两难困境。

近几年,专项债的大规模增加一定程度上缓解了省级政府的财政困境,减轻了对土地财政的依赖。从2021年到2022年第一季度,房地产市场下滑对中央财政和省级财政的收入影响更小一些。

专项债能否降低土地财政依赖度?能否让房地产软着陆?

其实,财政专项债化也面临两个难题:

一是随着房地产市场下滑,土地使用权出让金收入锐减,与房地产相关的税收收入下降,地方对专项债的依赖越来越大,这会增加地方政府尤其是省级政府的负债率。地方不能一边告别土地财政依赖症,另一边又新增专项债依赖症。

二是土地财政依赖度大的地市和县级政府对省级财政的转移支付需求增加,这可能导致专项债下沉和扩大化。

近期,中央提出推进省以下财政体制改革,清晰界定省以下财政事权和支出责任。此举主要是为了化解地市和县级政府财政困境和潜在的债务风险,省级政府可能需要加大对下级政府的转移支付的支持。

我们需要关注专项债的扩大化。专项债原本是"专款专用",是投资者给收益相对可靠、风险相对较小的项目提供的融资。不过,2022年4月,财政部允许地方扩大专项债的使用范围,包括城市网管、高质量基建、农村农业领域项目。这说明地方财政的专项债用途开始扩大。

发行专项债不是解决债务的办法，终归要回到发展问题上来。其实，专项债主要还是靠土地出让金收入来偿还，最终还是要落到房地产上，而政府所有的债务，最终还是要靠真实的税收来偿还，这也是接下来政府需要考虑的问题。

2022年第一季度，房地产市场的下滑，对地方财政冲击很大；同时，专项债发行规模较大，后面余量有限、效益递减。接下来，财政和经济下行压力极大，房地产政策将调整，中央政府可能采取土地财政与专项债并举的财政政策。

专项债继续支撑省级财政，省级财政加大对地市和县级政府的转移支付力度，缓解地方财政压力；同时，二三四线城市进一步降低房贷利率，地方可能出台更多政策刺激房地产，提振土地出让金收入。中央银行及监管部门可能会调整"三道红线"和"五档分级"信贷政策，加大对一些开发商和城市的房地产贷款力度。近期，住房和城乡建设部的会议还提到，加快住房和城乡建设领域专项债发行使用。

当然，这只是权宜之计，政策会随着房地产市场的走向和地方政府的债务压力而调整。房地产的问题最终还应回归到制度改革上来。财政部原部长楼继伟认为，"地方财政收入中土地出让收入占比偏高，最重要的原因是城乡土地制度二元化，是特殊的土地出让制度造成的，已严重扭曲了土地资源配置和妨害社会公平正义，这应是下一步改革的重点。"

其实，这次改革的广度与深度，不亚于1994年分税制改革，除了涉及土地制度外，还涉及中央地方财权事权匹配、财政纪律、税收分配、商业银行制度、利率市场化等。

建言献策

过去40多年，中国的改革开放事业不仅给我们带来经济繁荣和消费福利，更重要的是，它带给我们发展的经验和可靠的逻辑。

在新的国际形势下，中国经济发展面临许多新的议题，需要依赖成熟的经验和可靠的逻辑，同时结合国内外的现实情况实现新发展。

中概股退市风险的化解办法

主要观点：中概股是中美全球化协作的范例，但因两国监管冲突，一度出现集体退市风险。现如今，采用离岸管理的方式对中概股进行监管，是中美审计监管合作协议的一个新成果。

2022年3月，中概股全面暴跌，"三天跌掉了一个时代"。阿里巴巴、百度、拼多多、滴滴的股价坠入令人绝望的深渊。可以说，中概股爆发了前所未有的大股灾。股灾爆发的原因可能很多，其中最主要的是中美关于审计底稿的监管分歧。

美国方面，《外国公司问责法案》自2022年3月8日起正式实施。美国证券交易委员会（SEC）根据该法案将百济神州、百胜中国等五家中国上市公司列入"临时退市清单"。按照该法案要求，自2021年年报开始统计，如果外国发行人连续三年不能满足美国公众公司会计监督委员会（PCAOB）对会计师事务所检查要求，则该股票将被强制退市。其中，"对会计师事务所检查要求"最核心的是上市公司需要提交审计底稿。所谓审计底稿，即会计师事务所对其执行的审计工作所做的完整记录。

虽然该法案针对的是所有在美上市的海外公司，但是中国在美国上市公司面临审计底稿难题。

中国方面，中国政府近年对互联网平台实施"综合治理"，反垄断、反洗钱并打击其他违法行为，同时出台了《中华人民共和国数据安全法》（以下简称《数据安全法》），严控数据安全和数据跨境。2021年6月滴滴赴美上市，引发了中国对互联网平台数据安全与数据跨境的强监管，其中包括严控审计底稿出境。

所以，美国《外国公司问责法案》的正式实施，叠加中国正在推动的数据监管，导致中概股存在集体退市的巨大风险。

2022年3月16日，国务院金融稳定发展委员会专题会议强调，目前中美双方监管机构保持了良好沟通，已取得积极进展，正在致力于形成具体合作方案；中国政府继续支持各类企业到境外上市。本次会议释放的利好信号安抚了市场，中概股立即止跌并强势反弹。

不过，美国公众公司会计监督委员会在北京时间2022年3月24日晚给财新的一份声明中称：这种关于PCAOB与中方达成会计监管最终协议的猜测还为时尚早，"我们必须全面检查相关审计文件。这是没有商量余地的"。

可见，中概股的退市危机没有完全解除，前途依然不明朗。监管冲突是怎么产生的？其中深层次的问题是什么？该如何拯救中概股？本节将通过回顾中概股（互联网企业）的前世今生，分析中美监管冲突的由来以及解决方案。

01
迂回生产和狂野生长

中概股是全球化大浪潮时代中美科技金融市场化协作的范例,它曾经创造过相当疯狂又风光的历史。中概股兴起于中国互联网萌芽的20世纪90年代末,至今已有超过340家中国企业赴美上市,现存250多家,其中包括阿里巴巴、百度、携程、拼多多、哔哩哔哩、滴滴等互联网公司。

20世纪90年代,时任美国总统克林顿宣布互联网民用化,且向全球开放,这一举措激发了美国硅谷的互联网创业热潮。1995年网景通信公司上市第一天股价暴涨了三倍,激活了纳斯达克造富效应。紧接着,丁磊、马化腾、张朝阳、陈天桥、马云等先知先觉者开始在中国播撒互联网的种子。

不过,中国互联网起步并没有想象中那么顺利。与其他领域不同,互联网创业是一项周期很长、失败率很高、风险很大的事业。企业家虽然是风险偏好型投资者,追逐互联网潮流前沿,但也必须面对如何盈利、如何生存的现实难题。

于是,这群年轻人不得不到处寻找资本。但是,当时的中国资本非常稀缺,国内还没有成熟的风险投资市场,商业银行又不愿意向缺乏资产抵押物的互联网创业公司提供贷款。不巧的是,1997年,亚洲金融危机爆发,大量国际资本回流美国,亚洲资本更加稀缺。

家境优渥的马化腾同样面临资金难题。他回忆腾讯创业史时说过,早期QQ用户增长迅速但缺乏变现手段,"烧钱"烧得太厉害。他找过深圳电信局数据分局、新浪、搜狐、中华网等,希望对方能以100万元买下QQ，但均遭拒绝。马化腾还找了银行寻求贷款，银行的回复是：仅凭"注册用户数量"是无法办理贷款的。

此时，美国互联网创业公司在硅谷遍地开花，各大小公司市值迅速膨胀。当时的美联储主席评估后认为亚洲金融危机对美国影响不大，于是继续快速加息。但是，这次加息刺破了美国互联网泡沫。虽然美联储紧急下调联邦基金利率，但股灾已经形成。

2000年3月到11月，根据CNN的测算，互联网泡沫的破灭给整个证券市场带来了约1.7万亿美元的损失。上千家互联网公司的股价跌了80%以上，很多美国的创业公司在这场危机中倒下。中国一批互联网公司被迫关停，搜狐、网易、新浪三大门户均在纳斯达克大跌时艰难上市，面临融资困境和摘牌风险。

但紧接着，2001年9月11日，美国遭遇恐怖袭击。美联储为了支持小布什政府的反恐战争和提振国民信心，将联邦基金利率下调到2%以下，且一直维持到2004年。美国长期极低利率释放了大规模的廉价资本，美国硅谷企业在泡沫危机洗礼后凤凰涅槃。

美国跨国公司、金融公司手持大规模的廉价资本，乘中国"入世"之开放东风大举进入中国。其中，美国IDG和红杉资本、日本软银等风险投资机构迅速布局中国互联网行业，解决了当时互联网创业企业的资金难题。早期的天极网、当当网、腾讯、网易、新浪、搜狐、百度、前程无忧、阿里巴巴均获得了风险投资。

2003年非典期间，一些业务从线下转到线上，中国互联网迎来了第一个春天，三大门户均实现了上市以来的首次全年盈利。前程无忧当年的网络招聘服务收入增长了166%，并完成赴美上市。2007年是中国互联网赴美上市的第一个大年，IPO数量达到39家，融资总额达22亿美元。

至此，中概股初步成形。中国互联网创业者与美国风险投资共同打开了一条通路：中国创业+纳斯达克上市。

中国互联网企业为何热衷于赴美上市？

这遵循了比较优势理论，即中国快速兴起的互联网市场与美国发达繁荣成熟的金融市场相结合，中国企业家的创业精神与美国的廉价资本相结合。中国互联网企业主要集中在北上广深杭一线城市，而中概股最主要的上市目的地是纳斯达克，占中概股总数的67.2%。

中国互联网创业者成功地利用国际资本市场合理配置风险。我们知道，企业家的工作是组织迂回生产。徒手捕鱼叫直接生产，买网捕鱼叫迂回生产。迂回生产是有风险的，周期越长风险越大。企业家支付了工人的工资、银行的利息、供应商的原料费用，买断了未来所有的收益，同时也承担着未来所有的风险。

互联网的盈利周期长、风险大，因而互联网创业者寻求风险投资以化解风险，将部分风险转移给投资者。风险投资可以支撑企业家长周期迂回生产，为企业家试错与失败提供更高的社会宽容度。技术工程师、创业者、天使投资人、风险投资人、股票市场的投资人，每个人的风险偏好都不同。资本市场合理地分配了风险，让技术工程师安心搞研究、创新技术，让企业家承担一定风险的同时专心经营、追求经营利润，让能够承担高风险的人，如美国的风险投资人、股票市场的投资人，去承担投资风险，同时谋求投资回报。

另外，美国股票交易所采用市场化的注册制，企业上市更容易，当然被淘汰也更容易。当时中国A股采用审批制，其上市难度要远大于纳斯达克。对美国的风险投资人、承销商来说，在全球最发达的金融市场上市更易退出套现，不确定性相对低一些。

这就是全球化分工与协作的市场逻辑：资本市场合理配置风险，促进迂回生产与专业分工，让专业的人干专业的事，促进技术创新，增加消费福利。中国"入世"以来，虽然中美双边贸易大规模增长，但是因金融制度不同，两国金融贸易比重偏低。中概股算是中美科技金融全球化协作的范例。

2008年金融危机爆发，资本市场遭遇重创。美联储及全球主要国家央行开启大规模救市行动，联邦基金利率下调到零附近，开启了长达8年的超级宽松周期。美国风险投资公司再获大批廉价资本，大举布局中国互联网行业，包括京东、美团、蚂蚁金服、今日头条、摩拜单车、滴滴出行、爱奇艺、拼多多、抖音、快手、哔哩哔哩等互联网公司，纳斯达克指数止跌回暖后开启了一波大牛市。这是中国互联网风口频现、攻城略地、厮杀激烈的疯狂时代。

2010年成为金融危机后中国互联网企业赴美上市的又一个大年，IPO数量达到39家。此后，中国互联网企业赴美上市常态化，2018年、2019年IPO数量分别达到44家和39家。即便在受到疫情冲击的2020年，也有超过25家中国企业赴美上市。2021年初，中概股市值达历史峰值。

这是一段改变中国社会发展进程的互联网淘金史，但这种狂野生长的全球化协作也暗藏着风险。

02
暗流涌动和监管升级

风险来自两方面,先看中国方面。

与美国相比,中国互联网生态存在三大特点:

第一,市场高度集中,巨头力量崛起。

中国互联网从最初的百花齐放到2008年之后形成三巨头,接着从三巨头演变为两大系,随着"抖音"APP广泛普及,字节跳动异军突起,如今呈现阿里巴巴、腾讯和字节跳动三大阵营格局。

早在2005年,腾讯便聘请高盛亚洲投资银行部的执行董事刘炽平出任首席战略投资官,负责公司战略、投资、并购和投资者关系。2010年,腾讯与奇虎360爆发了"二选一"大战,中国网民第一次感受到互联网势力的可怕。经此一役,腾讯将战略投资业务上升到与互联网主营业务齐平的地位。之后腾讯借助大规模的融资开启了疯狂收购模式,其竞争对手阿里巴巴也不遑多让,二者分别控制了数百家互联网企业,业务涉猎广泛,市场高度集中。

两大巨头的并购行为被指责扼杀了创新精神,中国互联网创业者的归宿只剩卖身给腾讯系或阿里系。同时,互联网巨头日益膨胀的势力引发了社会的关注,给后面的反垄断埋下了伏笔。

第二,终端整合有余,纵向延伸不足。

与硅谷科技巨头相比,中国互联网巨头热衷于整合终端业务,尤其是消费领域,极少触及上游的芯片、基础代码、网络通信、人工智能等业务。例如,淘宝、京东、美团、拼多多、滴滴均布局终端大消费领域。以2020年12月的数据核算,在257家中概股中,可选消费达到66家；按市值行业分布，可选消费行业占比最高，达到57%。

第三，金融属性明显，技术创新偏弱。

尤其是2008年全球大宽松之后，互联网巨头手持大量廉价资本，采用地推模式在全国攻城略地。他们使用烧钱补贴的手法迅速控制市场、击溃一切对手，然后凭借市场规模、消费数据迅速赴美上市套现。这种创业项目具有突出的金融属性，但技术含量不足。

中国互联网为什么存在这三个特点？原因可能是多方面的。

一是受持续的"摩尔革命"的驱动，全球电子设备及上网成本大幅度下降，中国网民数量迅速增加。2007年之后智能手机快速普及，巨头们纷纷抢夺移动互联网端的用户，中国14亿人口基数释放出10亿网民的"人口红利"。

二是美国反垄断法案严格限制巨头并购，尤其是互联网企业在消费端的整合。过去，中国对终端市场的并购行为相对宽容，对纵深技术领域的重视不够。中国的纵深技术领域，如航空航天、网络通信等，多为非竞争性领域，准入门槛极高。另外，美国的人力资本水平较高，而中国互联网企业管理层人力资本积累不足，在本土化运营方面更具优势。美国在基础算法、基础语言、操作系统、半导体等领域已经建立了领先优势，中国互联网企业出海投资基础技术的难度大、风险大。于是，中国互联网企业"知难而退"。

结果是，美国风险资本在硅谷投资的企业向技术纵深领域延伸，而中国的互联网企业只在消费端整合。在中国的互联网巨头为了抢占线上买菜市场争得"头破血流"之时，美国的电商企业亚马逊正在布局太空通信网络。如此，资本越廉价，投资规模越大，中国互联网创业项目越倾向于消费端和金融化，越远离基础技术创新。

三是随着大数据技术兴起，中国互联网巨头将终端大消费优势转变为大数据竞争力。2012年，大数据概念风靡全球，全球科技公司开始疯狂争夺用户数据。中国互联网平台凭借海量消费数据的优势开始疯狂挖掘数据"金矿"，中概股市值随着大数据概念持续走热而节节攀升。

但是，大数据时代隐患重重。十年前，大数据科学家维克托·迈尔·舍恩伯格在其《大数据时代》中预言了"让数据主宰一切的隐忧"。他明确地说："危险不再是隐私的泄露，而是被预知的可能性。"谁掌握了全民数据，谁便掌握了这项"预知"特权，从而可能支配思想、攫取财富、挑战权力。舍恩伯格直言，科技企业掌控的数据权力让公共权力变得不太重要。这就为后面的数据监管埋下伏笔。

近年来，我国政府强化了对经济安全的管理，严控"资本无序扩张"，高度重视"网络数据安全"。借助资本疯狂扩张进而控制海量用户数据的中国互联网巨头也因发展中积累的种种问题成为众矢之的，涉及敏感的媒体、金融、消费、数据和劳动者权益五大领域：网民抨击互联网平台侵害用户隐私、滥用用户数据，利用算法分发机制控制舆论，实施价格歧视政策，对消费者进行"大数据杀熟"，借助市场集中优势提高商户的分成比例，使用算法技术将骑手"困在系统"里，通过互联网金融逃避监管，在资本市场上开展证券化融资，同时启用大数据银行给用户发放大规模信贷，制造潜在的金融风险。

2021年，我国出台反垄断法，大力整顿互联网平台，严厉打击平台垄断、市场操控、"二选一"、侵犯用户数据、资本无序扩张等行为；对互联网巨头实施反垄断调查，阿里巴巴、美团和腾讯均遭受巨额罚款。

2021年6月，滴滴出行低调赴美IPO，这家拥有数亿用户的大型出行平台上市引发了各界对数据安全的强烈担忧。我国政府出台《数据安全法》，严控本土数据跨境，将数据安全问题提升到数据主权的高度。此事件涉及中概股当下最为敏感的审计底稿问题。过去，政府一直不允许在美上市的中国企业将审计底稿储存在海外，如今明确禁止未经本国监管机构审查擅自向境外机构提供审计底稿。

近年来中国互联网巨头市场垄断和数据控制两大隐患，在新冠肺炎疫情大流行和中美关系紧张的宏大叙事中彻底暴露。

03
数据确权和离岸管理

接着看美国方面。2008年金融危机后的美联储救市行动，创造了大规模的廉价资本，但也洗劫了城市中产及中下层民众的财富，激起了民粹主义浪潮。2016年大选，政治素人特朗普击败了建制派代表希拉里成功入主白宫。特朗普对过去的秩序发起了挑战，其中包括对中国发起贸易争端。这场贸易争端恶化了中美关系，并逐渐波及科技、金融领域。

上面说到，中概股是中美全球化协作的范例。在过去秩序遭遇挑战的逆全球化时代，暗含资本扩张、数据安全问题的中概股（互联网企业）在中美关系趋紧的当下成为双方关注的焦点。

在美国，美国政府加强了对国外发行人的监管。过去，美国股票市场为了吸引国外企业，往往会降低其上市门槛，简化一些审批程序，比如不需要像本土公司一样提供审计底稿。中国一些互联网项目借助这个通道迅速金融化和套现退出。由于门槛和监管要求更低，一些中概股还存在财务造假和披露问题，也因此成了浑水等美国做空机构的"常客"。2020年瑞幸咖啡财务造假东窗事发，引发美国金融监管升级。一些议员要求将国外发行人的上市要求提高到与本土上市公司同一级别。接着，美国推出《外国公司问责法案》，要求外国上市主体提供审计底稿。

2021年中国实施《数据安全法》严控数据跨境，2022年美国正式实施《外国公司问责法案》要求提交审计底稿，由此，中概股遭遇两国监管正面冲突。

拜登上台后试图努力捍卫过去的国际秩序，但是中美关系并未回归正轨，民间对立情绪更加激烈，技术制裁扩大化。最终，市场因对中美在俄乌冲突后的政治气氛下解决监管冲突信心不足而崩溃。

2022年3月16日，国务院金融稳定发展委员会召开专题会议。关于中概股，会议强调，目前中美双方监管机构保持了良好沟通，已取得积极进展，正在致力于形成具体合作方案；中国政府继续支持各类企业到境外上市。

不过，美国公众公司会计监督委员会在北京时间3月24日晚给财新的一份声明中称：关于PCAOB与中方达成会计监管最终协议的猜测还为时尚早，"我们必须全面检查相关审计文件。这是没有商量余地的"。

如何化解中美两国的监管分歧？

中概股的审计底稿问题，从技术层面来说并不是无解之题。双方本着"有问题就解决问题"的态度，可以避免监管问题政治化。

第一，设置数据负面清单，避免数据安全问题泛化。

金稳会指出，关于平台经济的治理，有关部门要按照市场化、法治化、国际化的方针完善既定方案，坚持稳中求进，通过规范、透明、可预期的监管，稳妥推进并尽快完成大型平台公司整改工作，红灯、绿灯都要设置好，促进平台经济平稳健康发展，提高国际竞争力。

什么意思？就是给数据流通设置红绿灯，设置负面清单，明确哪些是涉及国家机密的数据，哪些是涉及数据主权的数据，不能跨境贸易、海外储存，不能提交审计底稿。负面清单之外的数据，可以正常操作。而且，审计底稿不会涉及全面的数据。这样可以避免一网打尽，误伤一些涉及不敏感数据的上市公司。

第二，设立离岸数据中心，避免数据安全管理脱钩。

一些中概股互联网平台掌握了中国十亿人的数据，包括消费数据、信用数据、出行数据以及指纹和人脸等生物数据。如何管理这些数据是一个挑战，尤其是在数据跨境方面，更需要确保安全。

中国政府在实施"东数西算"工程时，规划了8个算力枢纽节点和10个数据中心集群，建议再加上一个离岸数据中心。比如，在上海或深圳自贸区设立一个离岸数据中心，海外上市公司的数据和审计底稿储存或备份在离岸数据中心。海外监管机构和会计师事务所可按离岸制度来审查数据。如此，中国与海外机构均可以保持数据安全管理的政策稳定性。

近些年，各国都强化了数据监管，也都面临监管难题，主要问题是数据侵权和数据主权。其实，想要从根本上解决问题，还得从数据确权开始。

数据确权并没有那么难,我们个人的身份信息、交易信息、交流信息都是个人数据,未经个人允许,禁止平台储存、使用与交易。还有一些数据,比如智能驾驶的数据,可能是平台与个人共享的,但只有个人开启智能系统,平台才可以使用这些数据用于智能驾驶。

数据确权的逻辑是法律赋予个人保护自己数据的权利,赋予个人使用和处置自己数据的权利。在法律信条和市场秩序之下,个人的力量比任何力量都更加强大。数据确权可以解决互联网平台对个人数据的侵犯问题,能够大大降低数据跨境的风险,同时还能更好地保护数据主权。

国家主权是个人共同让渡一部分私权组成的公权力,政府代行之;公共财政是个人共同让渡一部分财产(税收、土地),由政府代为管理。同理,先明确数据个人产权,然后个人才能共同让渡一部分数据权形成公共数据权,比如基因信息,即数据主权。

全球化时代给各国政府带来了一个难题:如何在保护主权与全球化协作中保持平衡?这需要开放的心态和务实的才能。比如,20世纪80年代中国城市搞土地制度改革,城市土地是国有土地,如果土地私有化卖给了外国人,涉及资本主义问题和国家主权问题。张五常提出将国有土地产权拆分,土地所有权还是国有,土地使用权可以对外出让。这种具有争议性的土地制度改革帮助中国开启了自由市场并融入全球化,引进大量外资在工业区投资设厂。再如,在本国国土上设立保税区,外商在保税区免证、免税、保税,可以加工、仓储和贸易,利好双边贸易。

回顾中美关系的历史,当年更大的冲突都能够解决。回顾中概股的激荡历史，中概股走到今天不易。它是中美科技金融协作的范例，若因监管冲突而集体退市，那意味着中概股时代的终结，以及宏大叙事存在更大的不确定性。中国互联网有问题也有成果，务实的态度是有问题就解决问题，互联网巨头的垄断问题、数据侵权问题、准入限制问题都要解决。而对于数据跨境与审计底稿问题，可以设立离岸数据中心平衡两国监管政策。

所以，中概股难题的解决，技术上没有太大的问题。真正的难题是当今中美的宏大叙事限制着双方寻求解决问题的方式的想象力。

最后，我们需要明白，重大技术创新是一项高风险事业，依赖于全球化资本与技术分工。斯密告诉我们，市场越大，分工越细。全球化市场制造了最精细的分工、最先进的技术。人类星辰大海的梦想，一定是建立在自由协作、公平交易的全球化市场之上的。

扩大金融开放的步骤与路径

主要观点：金融市场开放有利于人民币金融资产的流动性、国际化，但需要稳重审慎。金融国企可以参考同股不同权的策略平稳过渡，"管资本"则可以避免市场控制权风险。推动中国金融市场向全面制度型开放转型，有助于经济高质量发展。

2019年，国务院金融稳定发展委员会办公室推出11条金融业对外开放措施，"金融业对外开放11条"条条关键，影响至深。概括起来，主要包括以下两大内容：

一是"开放提速"，扩大外资持股限制，允许外资金融机构控股。

"人身险外资股比限制从51%提高至100%的过渡期，由原定2021年提前到2020年"，"将原定于2021年取消证券公司、基金管理公司和期货公司外资股比限制的时点提前到2020年"。

金融开放、顶层设计，大势所趋，一场变革即将开启。

早在2018年，中国人民银行就提出取消银行和金融资产管理公司的外资持股比例限制，将证券公司、基金管理公司、期货公司、人身险公司的外资持股比例上限放宽至51%，并在3年后（即2021年）不再设限等。

"金融业对外开放11条"正在提前落实金融市场开放计划。

二是降低外资市场准入门槛,开放多项金融业务经营许可。

外资信用评级机构可以从事"所有种类债券评级","鼓励境外金融机构参与设立、投资入股商业银行理财子公司","允许境外金融机构投资设立、参股养老金管理公司"。

"支持外资全资设立或参股货币经纪公司","放宽外资保险公司准入条件,取消30年经营年限要求",允许境外投资者持有保险资管公司股份超过25%,"允许外资机构获得银行间债券市场A类主承销牌照"。

每一波市场开放操作,都会引起"狼来了"的担忧。

对外开放,并不能随随便便成功。全球开放经济体不少,如巴西、阿根廷、新加坡、日本等,有赢有输,有好有坏。

金融市场的开放,或许会引发一连串的连锁反应。我们要如何应对?

01
"黄金股" 同股不同权,探索过渡策略

金融市场开放,金融国企首先面临的是持股比例下降、控制权流失的问题。

这是一个过渡期问题。如何避免在过渡期内出现国有金融企业尚未提升竞争力,就将股份拱手相让,而后又难以夺回的难题?

我们先来看一个案例——德国《大众法》。

1960年，德国政府为了保护大众公司在私有化过程中不被外资财团恶意收购，推出了《大众法》。

该法要求当时属于国有的大众公司60%股份上市流通，另40%股份暂时保留在联邦政府和大众公司总部所在的下萨克森州政府手中。

《大众法》还规定下萨克森州政府有权任命两名大众公司监事会成员，并有权阻止议程通过。这两个监事会成员的位置通常由下萨克森州州长及经济部部长担任。

其中，最关键的是第二条，设定了"同股不同权"的持股方式——任何大众公司股东不得行使超过20%的表决权。

持股如果超过20%怎么办？持股超过20%，表决权也不会增加，也只有20%。除非持股达80%，表决权才会升至80%，从而构成对大众公司的绝对控股。

为什么是80%？

这个数字有意思。因为德国政府持有20.1%的大众股份，不多不少，刚刚好。这就意味着，如果德国政府不"开恩"，外资公司及收购者永远无法取得大众公司的控制权。

当时，保时捷公司对德国大众感兴趣，曾打着"阻止大众公司被外界恶意收购"的旗号，增持了大众公司的股份，成为德国政府之后的第二大股东。

2005年，保时捷公司再次增持大众股份后持股比例超过了德国政府，成为大众公司的第一大股东。此时，成为大股东的保时捷公司并不愿意屈居德国政府之下，试图夺取控制权。

一场"蛇吞象"的好戏一触即发。

保时捷公司欲获得大众公司控制权，就必须推翻或越过《大众法》。

2007年，保时捷公司跑去找欧盟评理，求助于欧盟这个"大家长"。同年10月，欧盟最高法院欧洲法院认为，德国《大众法》违反了《欧盟竞争法》之自由竞争原则，要求德国政府废除《大众法》。

《欧盟竞争法》被认为是"欧盟经济宪法"，高于欧盟成员国相关经济法律。

《大众法》被废除后，保时捷公司一举拿下大众公司42.6%的股份，距离控制大众公司仅一步之遥，然而令人没有想到的是，保时捷公司不但没能成功收购大众公司，最终反被大众公司收购。

这又是怎么回事呢？

原来，虽然《大众法》被废，但德国还有一部《商法典》。这部法律规定，当持有者的股份达到75%时，才能实际上获得对该公司的控制权。

换言之，保时捷公司必须取得75%股份，才能真正获得对大众公司的控制权。

已行至半程的保时捷公司已然没有退路，采用全款购买的方式买入了31.5%的大众股份认购期权，加上明面上的42.6%，手中可以支配的大众股份已经高达74.1%。

就差0.9%！

但是，除去德国政府控制的20.1%股份，市场上流通的大众股份只剩下5.8%。

这就意味着，大众的股价会被抬到天上去。

2008年10月27日，保时捷公司动手，大众股价直线飙升，从上一个交易日的210欧元上升到了519欧元，第二天更是飙升至

1005欧元，暴涨了近400%。大众汽车的总市值在那一刻高达2960亿欧元，市值达到全球公司最高。第三天，法兰克福交易所担心市场风险，出面协调，保时捷公司同意释放出5%的大众股票期权，股价才得以平复。

保时捷公司这招凶狠的"虎口夺食"并未成功。

令保时捷公司更没有想到的是，此时金融海啸冲击全球，汽车市场陷入萎缩，保时捷销量下滑。本已因收购而债台高筑的保时捷公司元气大伤。

由于尚未取得大众控制权，无法用大众财务资金来还债，保时捷不得不放弃并购，转而与大众"和谈"。

2009年，手握大量现金的大众，以40亿欧元反向收购了保时捷49.9%的股权。3年后，大众又以44.6亿欧元拿下剩余的50.1%，实现了对保时捷公司的百分之百控股。

至此，保时捷公司"梦碎"，大众公司笑到了最后。

复盘这个案例，你会发现，德国《大众法》虽然最后被欧盟最高法院判决无效，但是却保护了大众公司长达47年之久。在这个足够长的过渡期内，德国大众在保时捷发起收购时已经成长为全球第一汽车厂商。

具有与《大众法》"同股不同权"类似规定的德国《商法典》，在大众公司被收购过程中起到了关键的保护作用，至今依然是德国国企及大型企业的"保护伞"。

事实上，欧盟各国家，如意大利、西班牙、葡萄牙，一直都存在类似的法律保护本国企业不被外资恶意收购。欧美各国政府为了实现对表决权的控制，在一些大型企业中都设置了不可动摇的"黄金股"。

在当前欧盟的法律框架中，政府持有的"黄金股"允许在国防、能源等影响国家战略的产业中存在。

这种保护策略的精髓在于"同股不同权"。

美国早期流行的AB股模式，也是典型的"同股不同权"。

AB股模式将股票分为A、B两个系列，其中对外部投资者发行的A系列普通股每股有1票投票权，而管理层持有的B系列普通股每股则有N票（通常为10票）投票权。

简而言之，持有B股的投资者，可以获得10倍或更多表决权。

2000年，美国总共有482家公司采用双重投票结构，在互联网泡沫破裂后，到2002年下降到362家，此后继续减少，到2010年只有12家公司在上市时采用该结构。

不过，"同股不同权"模式依然流行于科技企业，如美国的Google、Facebook、Groupon和Zynga，以及中国的阿里巴巴、京东、百度等。

以京东为例。京东在上市前导入了AB股，刘强东持有的23.1%股权（含其代持的4.3%激励股权）被重新指定为B股。B股每股配有20票投票权，这样加上A股，刘强东的投票权不降反升，增至51.2%。

当年，马云放弃在香港交易所（当时不允许同股不同权）上市，是考虑到其7%的持股比例太少，上市恐失去控制权。之后，港交所也痛定思痛，修改制度，允许"同股不同权"，如今阿里巴巴再次赴港上市。

基于以上案例，我们探讨一种金融市场开放的过渡期策略：同股不同权。

具体方案是：国企推行"同股不同权"改革，政府固定持有一定的"黄金股"（如底线为20.1%），外资、社会资本持有"白金股"。

"白金股"持股超过20%须遵循"同股不同权"的原则：超40%，获25%表决权；超50%，获35%表决权；超60%，获50%表决权；超70%，则能够"同股同权"，获股份对等表决权，拥有控制权（以上数据为假设情况）。

"空缺"表决权归属职业高管（如总经理）和工会（职工代表）。例如，某外资公司持有45%"白金股"，获得25%表决权，另外20%表决权归属高管及职工代表。

这种方式有什么好处？

第一，避免市场开放后，将国企股份拱手让与外资银行，失去对国企的控制权。

第二，通过"同股不同权"改革，国企可以有序地、主动地对外开放，走向竞争性市场。

第三，推动国企向股份制企业过渡，促进国企混合所有制改革。

第四，"同股不同权"符合"专业化分工"的规律，可以充分发挥创始人、企业家、职业经理人的专业才能。

第五，部分"空缺"表决权留给职工代表，符合"全民所有"的根本原则，让职工掌控部分表决权。事实上，德国很多大型企业中，职工都有一定的表决权和监事权。

市场保护，尤其是在垄断市场，不利于竞争力和创新力的提升。

与市场保护不同，股权保护只是避免国企控制权短期内轻易丢失，但国企依然面临巨大的市场竞争压力。市场竞争有助于倒逼国企提升竞争力。

在《大众法》的保护下，国有控股的德国大众成为全球出色的汽车厂商。当"野蛮人"来敲门时，手握大量现金的大众公司反向收购了对手。

在"同股不同权"的制度下，只要政府掌控一定的"黄金股"，"华尔街之狼"欲夺取控制权，股价自然会飙升，必然如保时捷公司一般付出巨大的成本。

当然，这只是过渡期的手段，主动改革与逐步开放相匹配的策略，并非长久之策，也非不开放之目的。

02
管资本　从管资产到管资本，探路国企混改

"黄金股"只能解决国企控制权问题，那市场控制权问题如何解决呢？

金融市场开放，华尔街金融巨头拥有强大的资本、人才及管理竞争力，中国国企的压力不小。市场份额及控制权完全来自市场竞争，此外别无他法。

如何进一步提高国企的市场竞争力？有没有国际经验可以借鉴？

德国政府控制的大众汽车公司就是其中的佼佼者。

在德国，国企一般被称为公共企业，主要分为两类：一是具有特殊使命的不以营利为目的的国企；二是国家控股或参股的有限责任公司或股份公司。

据德国联邦财政部统计，截至2014年底，德国联邦政府直接

参股企业、机构和基金共计107家,间接参股且参股比例在25%以上的企业共计566家,两者合计673家。

据德国纳税者研究院统计,德国各联邦州政府目前参股企业、机构和基金共计1429家,其中,直接参股787家,间接参股642家。

除大众汽车公司外,德国电信、德国商业银行、德国铁路、萨尔茨吉特集团、巴符州能源、展会公司、空客、德国邮政、潘德布雷夫债券银行、莱茵集团,都是德国政府控股或参股企业。

德国政府持股国企主要集中在基础设施、教育科研、能源供应、信息通信、铁路汽车、银行金融等领域。中国央企也主要集中在这些领域。

不同的是,德国政府投资的领域多为竞争性领域,中国央企所处领域基本属于非竞争性市场。

换言之,德国国企的竞争力来自市场,而非市场垄断。德国政府较少干预国企经营决策,国企实施专业化、技术化,而非官僚化、行政化经营。

根据德国法律,德国部长或总理不能成为企业监事会成员,只有德国电信和德国邮政的监督机构由国家秘书处兼任。

所以,伴随着金融及非竞争性市场开放,中国央企面临一次市场化、专业化的"深水区"改革。

国企改革史,就是一部中国改革开放的历史。

过去40多年,国企改革围绕着产权改革、制度改革及市场开放而展开,主要经历了三个阶段[①]。

---

① 任泽平. 国企改革的历史、现状与建议[EB/OL]. 新浪财经,2018-11-15.

一是1978年到1992年的承包制和"放权让利";

二是1993年到2002年建立的现代企业制度和"抓大放小";

三是2003年国资委成立之后的"大央企"。

发展到"大央企"时代后,国企(尤其是央企)从亏损企业发展成为盈利"巨无霸"。世界五百强的榜单中,"两桶油""四大行"稳居榜单前列。

传统国企如何才能与"华尔街之狼"一起争食?如何改革才能做到"既不丢失股份,又能赢得竞争"?

笔者认为,目前学界存在竞争派和制度派两大国企改革流派:竞争派强调打破垄断,开放市场,以竞争倒逼国企降本增效;制度派则侧重于建立现代企业制度,提高内部管理效率。

当前,国企改革的顶层设计是混合所有制改革,但混改的整体进展比较缓慢。有人提出:如何确保混改后国企不丢失控制权?

笔者认为核心在于"管资本"。

过去国企的思路是"管资产",为涉及国计民生的产业当"守护人",管理好石油、电网、电信、烟草、铁路、银行等不完全竞争领域的国有资产,促进资产服务于国民经济和民生事业。与"管资产"相比,"管资本"更加市场化,更符合企业逐利的天性,因为企业不拘泥于某个行业,追求资本增值和投资利润。

德国政府"管资产"与"管资本"相结合,在一些重要领域,如铁路,管控"国有资产"。德国《基本法》和《铁路基础设施使用法》规定,允许联邦出售德国铁路公司的股份份额不得超过全部股份的49%。德国政府也会在金融、银行、汽车等领域进行资本管理。

"管资本"最典型的案例莫过于新加坡的国有企业淡马锡。

淡马锡隶属新加坡财政部,是一家典型的投资类国企,投资了建行、工行、民生银行、中行、渣打银行、巴克莱银行、屈臣氏、新加坡航空等。

在中国互联网方面,淡马锡投资过的公司包括阿里巴巴、腾讯、京东、小米、美团点评、滴滴、摩拜单车、携程、蚂蚁金服等。

与"管资产"相比,"管资本"具有市场竞争灵活性。历史上,核心资产一直都在发生变化,过去运河是核心资产,后来变成了铁路,再后来是航空和汽车。坐拥运河和铁路的政府,大部分失去了对航空和汽车的投资机会。

工业时代,石油、能源、化工是核心资产。信息时代,大数据、技术标准是核心资产。当大数据、云计算、人工智能产业成为关键产业时,若"抱残守旧",则可能错失良机。

前些年,美国爆发页岩气革命,一批小型创新型公司崛起,美国石油公司亦凭借对小型创新型公司的投资,获取了页岩气的控制权。

最典型的案例是,进入互联网时代后,互联网企业如腾讯,击溃了电信、移动的移动通信业务。中国移动的飞信、中国电信和网易联合推出的易信,完全不是QQ和微信的对手。

各城市国企百货、供销社最终都退出了市场,外资、社会资本杀入零售市场,阿里巴巴、淘宝、京东等电商平台的崛起撕开一道口子,国有资本错失了机会。

2000年,腾讯曾找上门来寻求融资500万元人民币,但彼时深创投看不懂腾讯的商业模式,把腾讯"打发"掉了。

所以,"管资本"不是"固守本土、固守本业",而是灵活逐利,该买的时候买入，该卖的时候卖出。以盈利为目的，而不以控制产业为目的，由国企负责"国有资本"保质、增值。

如今，大部分市场和金融市场一样，面临更加开放的国际竞争，只有"管资本"能够适应这一大趋势。

但是，"管资本"意味着我们必须放弃对一些领域的绝对控制权。这一步如履薄冰。

所以，建议采取分类改革的办法：

在特殊领域，如军工、铁路、航空航天、电力等国家战略性领域，采取"管资产"方式：固守国有股份，控制市场份额，直接参与经营管理。

在关键领域，如电信、石油、银行、证券、保险、钢铁、汽车、教育等领域，采取"管资本"为主的方式：确定政府的"黄金股"底线不动摇，外资、社会资本采用"同股不同权"的"白金股"，以财务投资和资产控制为"双目标"，较少直接参与经营管理。

在创新领域，如互联网、新能源、人工智能、高端制造装备等领域，采取"管资本"方式：政府不设"黄金股"底线，投资科技企业、高端制造业，完全以财务投资为目标，以盈利为目的。

需要注意的是，"管资产"理念、战略及制度改变的难度不小，"国有资产"的红线压力极大。

早在20世纪20年代，奥地利学派第三代掌门人米塞斯就敏锐地发现，垄断环境下的国企，排斥一切不确定性风险，缺乏追逐风险利润的动力。

市场开放之后，生存压力或许会倒逼国企"谋变"。若市场份额减少，担心国资流失、畏惧冒险的心态可能会被扭转，被迫求胜的求生欲，或许会成为走上"管资本"之路的动力。高效的管理机制及卓越的团队是"管资本"的基本前提。

"黄金股"是过渡期的手段,"管资本"才是目的。

03
双轨制　抑制债务风险,转变增长方式

"黄金股"缓解国企控制权丧失风险,"管资本"解决市场控制权流失风险。

金融市场开放的第三道风险,是整个金融体系的风险。

金融市场开放,意味着中国拥有规模更庞大、竞争更充分、资金更自由的全球化市场。但是,金融市场开放并不意味着更高的经济福利。

古典主义经济学家认为,市场开放、自由竞争,可以实现帕累托最优。1929年经济危机及大萧条后,西方政府接受了凯恩斯的主张,直接干预市场。

但20世纪70年代,西方普遍陷入滞胀危机,政府干预主义被弃。此后所兴起的新自由主义、新奥地利学派、新制度经济学、公共选择、社会选择、法与经济学等,最终都指向一点:法治市场经济——通过制度、宪政、法律约束市场行为以及政府行为。

所以,金融市场开放必须配以有效的金融制度——利率、汇率、货币、财政、证券及金融制度。

只有有效的金融制度,才能抵御第三道风险。

泰国、阿根廷、巴西、墨西哥等都曾经爆发外溢性金融危机,

其主要原因不是金融开放，而是没有建立与金融开放相匹配的金融制度。

当前中国的金融制度并不是一个完全市场化、开放化的制度。这种制度构筑了防范国际外溢性金融风险的铜墙铁壁，也成为中国增长方式的核心。

中国是一个非完全开放经济体，增长方式依赖货币、财政、汇率、利率等金融政策。在一个非完全开放经济体中，货币及财政刺激促进经济增长的短期效果比较明显。

过去10年，中国货币平均增速超过了GDP、房价、居民可支配收入等。货币盛世之下的基建、房产投资形成了一条明显的路径依赖。

这条路径大致如下：一是货币从央行到商业银行，再从商业银行表内流到国企，这是成熟的体制轨道；二是货币从商业银行表外流到信托、私募基金、资管，再流到房地产以及私人部门，这是从体制内到体制外的轨道。

这里出现了利率"双轨制"以及资本价格差，形成了资金"贸易"链条：商业银行将资金批发给资管、信托、私募基金，再分包给中小型地产及私人部门。

国有及大型地产，如碧桂园、恒大，在高周转模式之下，可以拿到不少无息贷款；而中小型房地产以及大部分私人企业很难在银行获得贷款，它们向信托、私募基金、资管公司融资，成本远高于银行贷款、无息贷款。

例如，泰禾、中梁地产的财务杠杆要远高于碧桂园和保利地产。

以中梁地产为例，其招股书数据显示，截至2018年底，中梁还有109个信托或资产管理计划尚未偿还，总额达到147亿元，约占借款总额的54.5%。有4笔信托贷款将于2019年到期，其中1笔利率高达13.83%。

2016年至2018年，中梁控股借款总额分别是202亿元、245亿元、270亿元，其中约一半来自信托、资管。由于信托利率较高，3年加权平均利率分别是9.4%、7.9%、9.9%。

在买方市场下，开发商的融资成本上升进一步推高了房价，最终由买房者承担了高资产价格风险。

在这个链条中，商业银行和信托、基金公司、资管，以及房地产公司都是获利者。

这条流动的资金链，基本上反映了中国经济增长方式的内涵。

但是，金融市场开放后，将会出现以下几种变化：

第一，过去银行、证券、私募、资管等金融机构顶着"金融高大上"的金字招牌，却长期从事简单资金"贸易"业务，在金融产品创新、市场风控、金融制度革新等方面都与国际资本存在差距，整个金融系统"大而不强"。

金融市场开放后，银行、金融机构"躺赢"的时代结束，盈利、风控及创新压力都会增加，倒逼金融企业提高竞争力。

第二，开放市场促进利率"并轨"，结束资本"价格双轨制"，利率逐渐进入市场化时代。

在20世纪90年代前后，中国出现了商品价格双轨制改革。当时，体制内与体制外两种价格体系需要"并轨"，终结商品"倒爷"的获利空间。

1984年，中国一批年轻经济学家召开了莫干山会议，向中央提出了价格闯关的改革政策建议，被称为价格双轨制改革。

开始，中国采取"调"与"放"相结合的方式，让两个轨道的价格差缩小，最终实现接轨。当前，中国货币发行及利率以"调"为主，"窗口指导""精准滴灌"的动作频频。但是，政策性调节不如市场化配置高效和充分，在宽货币政策之下，融资难和融资贵的问题依然突出。

所以，开放市场，促使利率"并轨"，实现利率市场化，才是根本之道。

利率市场化并不能像商品"价格并轨"一样一放了之，其要求商业银行更加独立，对商业银行的监管更加科学有效。这就是利率市场化的制度性改革。

在资金"贸易"年代，商业银行缺乏足够的独立性，授信贷款受政策及行政干预大，银行风控的独立性、科学性、专业性不足。

只有商业银行独立决策，按照市场风险和盈利提供授信和贷款，对资金管理及风控负责，才能真正支持利率市场化。

央行及监管部门则对银行业务实行有效监管，通过调整拆解利率实现对利率市场的干预和引导。

第三，开放市场，促使汇率走向自由化，实现价格"并轨"。

汇率是中国金融改革的最后一道关口。

当前，中国实行的是有管制的汇率制度，管控国际资本进出。离岸人民币与在岸人民币形成两条价格链条，没有实现"并轨"。

金融开放后，汇率价格将会逐渐走向"并轨"。中国在保证货币独立性的同时，逐渐实现浮动汇率和资本自由流通，符合"三元悖论"。

与利率不同，汇率改革的时机更为重要。汇率最忌讳波动，不管是人民币贬值还是升值，都不宜过度。

当前，汇率改革的被动之处在于过去货币宽松政策下形成的较高资产价格及负债率。

有一组数据可以反映汇率自由化的压力：

2001年2月，美元的M2是5万亿美元，人民币的M2是13.439万亿元人民币，美元M2总量约是人民币的3倍，当时人民币兑美元汇率是8.3。

2019年7月，美元的M2是14.8194万亿美元，人民币的M2是192.14万亿元人民币，二者大小反过来了，人民币M2总量是美元的1.88倍，当时人民币兑美元汇率是6.88。

从2001年到2019年，中国GDP大规模增加，货币增加的一部分是经济增长之需。但是，当前中国的经济体量只有美国的六成左右，货币总量却是对方的1.88倍，同时较之前的8.3，汇率反而下降到了6.88。

如此对比，人民币的真实汇率还需接受国际市场的考验，而考验的风险则比较难预计。

不过，控制货币增量，尽量降低资产价格以及负债率，避免外溢性风险戳破泡沫，有利于汇率市场化的推进。

首先要面对的是房价以及与房地产有关的债务风险，平抑房价或使其缓慢下降，汇率市场化的风险才能降得更低。

第四，金融市场开放，中国走向开放经济体，意味着中国经济增长方式需要转变。

由管制汇率制度、资本管控、货币政策、财政政策以及国有银行体系构成的政策性增长方式，其边际增长可能会下降。在开放经济体中，货币和财政刺激的效果会下降。

若央行提高利率，则国际资本可能流入，平抑利率价格；若实行宽松货币政策，发行更多基础货币，那么资本可能流出，货币总量下降，刺激政策效果减弱。同时，汇率市场可能出现自由波动，增加不确定性风险。

所以，要实行金融市场开放，中国需在窗口期内转变经济增长方式，从政策型增长转变为市场型增长，与国际并轨，适应国际规则，遵循国际市场规律，这样才能创造更大的经济福利。

以改革迎接开放，是主动之策、理想之选，但现实往往是开放倒逼改革。或许，后者更符合人性以及历史规律。

参考文献

路德维希·冯·米塞斯. 人的行为[M]. 夏道平, 译. 上海：上海社会科学院出版社, 2015.

财政税收改革的历史与建议

主要观点：1994年分税制改革对中国财政体系有深刻影响，诸多改革经验可资借鉴。财税改革深化，要注重宏观税负、预算约束、财政与经济的关系，向财政科学化、精细化管理发展。本部分追溯分税制改革的历史及经验，厘清现行财税体系结构，提出"土地财政"改革及地方债务化解的建议。

01 改革

中国现行的财政体系主要是1994年分税制改革奠定的。

在改革开放之前，中国财政体系单一，财政收入主要靠公有制企业缴纳利润，税收占财政收入的比重只有50%，税收制度尚未完善。改革开放后，中国开始实施"以税代利"的财政改革，税收占财政收入的比重上升到90%左右。但是，对国有、集体、民营、外资、个体户实施不同的税制，导致出现了"多轨税制"，税收混乱且有失公平。当时，中国正在实施关键的价格改革，从计划价格逐步转向市场价格，而政府使用税收来调节价格，这与税收政策目标不符。

1987年，在全国"一包就灵"的改革大潮下，开始实施财税大包干制。在财税大包干制中，政府与企业之间更像是一种交易关系。不同性质的企业与所隶属的管理部门签署税收、利润承包合同。财税大包干制实施的时间不长，但问题渐渐浮现，主要包括：

一是财政收入下滑，中央财政陷入困境。财政收入占GDP比重从1979年的28%下滑到1993年的12%；中央财政收入占财政收入比重从1983年的40.5%下滑到1993年的22%。实施财税大包干制期间，中央财政连续赤字，多次向地方借钱，甚至直接向中国人民银行借贷。

二是地方经济藩篱兴起，地方财政不平衡加剧，广东及沿海经济特区财政富余，中西部省份财政困难，但中央又难以对其实施转移支付。

三是税收制度不完善，税利承包不透明、缺乏监督，税收寻租空间大。

1994年，时任国务院副总理的朱镕基全面推行财政税收制度改革，这就是分税制改革。分税制改革涉及税收、预算、价格、金融、投资、外贸等众多领域，是一次整体性的财政体系改革。

财政部原部长楼继伟认为：1994年税制改革，是新中国成立以来规模最大、范围最广泛、内容最深刻的一次税制改革，初步构建了社会主义市场经济的税制总体框架。

我们重点关注三点：

一是重构中央与地方的财权与事权。所谓财政，财主要是收入与支出，政是行政权力与责任。财政体制改革的重点是改革各级政府之间的财政关系，主要是财政收支与事权责任的匹配关系。分税制改革的目标之一是改变财政"强枝弱干"和地方保护主义的财政格局，增加中央财政收入比重，同时强化中央对落后地区的转移支付。

分税制改革将税收划分为中央税、地方税、共享税。改革后，中央税收收入占比要大于地方税收收入。主体税种增值税作为分享税，75%归属中央，25%归属地方。

启动分税制改革的1994年，中央财政收入占财政收入比重就从1993年的22%上升到55.7%；按一般公共性预算口径，该数据此后基本维持在50%左右。

二是取消财税大包干制，打破"多轨税制"，实施统一税收，建立了以增值税为核心，所得税为补充，营业税、消费税、资源税为辅助的税收体系。

设立核算复杂的增值税作为税收核心，是分税制改革最关键的部分，决定了改革的成败。1994年，增值税收入占税收总收入比重达到45%，此后基本维持这个水平。这决定了中国税收结构以流转税为主。

三是建立与市场经济相匹配的现代政府预算管理制度。之前是有多少花多少，不够再向国企收取一笔调节基金，但1995年开始实施预算法，政府编制一般公共预算。

另外，兼任中国人民银行行长的朱镕基取消了人民银行分行的再贷款权力，分行只能提供信息和实行监管。这是人民银行改革的重要一步，阻止了中央财政直接向中央银行融资，化解了中央财政赤字货币化风险。

这次财政改革，"财改"大于"政改"，中央和地方的税收划分大调整，但事权责任变动不大，这就出现了中央和地方事权和支出责任划分上的不合理。简单来说，地方财政收入少，但承担的支出责任大，在事权上要全面负责地区的教育、交通、医疗、环境、公共事务、社会福利等。

如何解决这个问题?

分税制改革设立了税收返还机制，即中央财政将部分税收返还给地方，以平衡央地财政关系；同时通过转移支付的方式加大对落后地区的财政支持，以缓解地方财政不平衡的矛盾。1994年，中央财政对地方的税收返还达到1799亿元，占当年财政收入总量的62%。这在很大程度上降低了改革的阻力。为了确保税改的顺利和税收返还的稳定，对增值税、消费税采取增量等比返还的方式，上缴给中央的增值税和消费税收入每增长1%，中央对其税收返还增长0.3%。

分税制改革后，全国财政收入随着经济增长而"水涨船高"，每年中央和地方的财政增速均高于经济增速。中央对地方平衡性转移支付规模也持续加大，1999年为75亿元，2009年上升到3799亿元，2019年达到15332亿元。

客观上说，分税制改革是一次非常成功的制度改革。2002年12月25日，朱镕基接见全国财政工作会议代表时讲道："可以说，这些年的财税体制改革，是新中国成立以来力度最大、成效显著、影响深远的改革，是决策科学、设计周密、实施有力、运行平稳的改革。"

02
债务

分税制改革后，中央财政收支持续增加，但地方财政一直偏紧，中央税收返还和转移支付依然没有解决地方财政收入不足与支出责任过大的矛盾。

于是，地方政府"穷则思变"，最终在土地上找到突破口。分税制改革时，中央将城市国有土地使用权出让金收入划拨给地方政府。当时，全国性城市化和房地产市场化尚未兴起，各级政府没有意识到土地出让金的巨大潜力。更何况，城镇住房制度改革的基调还是"不能操之过急"。

1997年，亚洲金融危机爆发。为了应对经济危机，朱镕基提出"应加快住房建设工作，让其成为经济新增长点和消费热点"，由此房改共识再度达成。1998年房地产市场化改革启动，2003年《招标拍卖挂牌出让国有土地使用权的规定》出台。

房地产市场化改革激活了这个市场。随着房地产市场的迅速崛起，地方政府的土地使用权出让金收入也大规模增加，很大程度上缓解了地方财政困境。从2003年开始，中央财政启动全国性大基建，地方财政推动房地产遍地开花。

分税制改革是否催生了土地财政？

楼继伟不认同这种说法。其实，不论地方是否缺钱，地方都有实施土地财政的动机。为什么？一个重要理由是，中国长期实施GDP考核竞赛，各级地方政府功能财政冲动强劲，渴望扩大财政支出以做大经济规模。房地产市场化后，长期宽货币宽信用、国有银行制度和非市场化利率为土地财政创造了绝佳条件。

不过，总体来说，1998年到2007年这十年还属于房地产市场化的十年。房价上涨迅速，是之前土地价值被抑制的反弹，也是经济和收入快速增长的结果。这十年，尽管土地出让金收入快速增加，但地方财政还不能定义为土地财政，因为其财政收入主要来自税收。

2008年，全球性金融危机爆发，紧接着，中国推出"四万亿"救市计划，央行实施宽松政策，房地产市场迅速反弹。地方政府的土地使用权出让金收入快速增加，"土地财政"依赖度越来越大。

2014年，随着救市刺激效果衰退，各地房地产库存大增，于是，全国开启了棚改货币化。棚改货币化指的是，政府直接以货币的方式补偿被拆迁户，后者拿到货币到市场上去买房。问题是政府的钱从哪里来？

2014年4月，中国人民银行创设了一种工具叫抵押补充贷款（PSL），中央银行通过PSL向政策性银行（如国开行）提供贷款，国开行再向地方政府提供贷款。数据显示，2014年7月，中国人民银行向国开行注入为期3年1万亿元的PSL，利率4.5%，用于支持棚户区改造、保障房安居工程等。2015年6月，央行再次向政策性银行进行PSL操作，利率下调至3.1%，规模达1.5万亿元。PSL的期末余额从2015年5月的6459亿元，迅速增加至2017年2万亿元左右的规模。

PSL多数投向三四线城市，相当于向三四线城市的房地产市场投放定向宽松货币。从2015年开始，全国房价普遍大涨，新一线城市和三四线城市上涨迅速。

2008年到2017年这十年是房地产从市场化过渡到货币化的十年。土地出让金收入大规模增加，地方财政进入土地财政阶段，土地财政依赖度越来越大。2012年财政部门增设政府性基金收支账本，当年地方政府性基金收入3.42万亿元，其中土地使用权出让金收入为2.85万亿元。土地使用权出让金收入占地方政府性基金收入的83%，与当年地方一般公共预算收入比值为0.46。

2015年，新预算法实施，政府预算设立四个账本：一般公共预算、政府性基金预算、国有资本经营预算和社会保险基金预算。其中，一般公共预算收入主要是税收，政府性基金预算收入主要是土地出让金，国有资本经营预算收入主要是国有企业利润，社会保险基金预算收入主要是社保收入。

到2017年，土地使用权出让金收入上升到5.2万亿元，占地方政府性基金收入的比例上升到90%，与地方一般公共预算本级收入之比上升到0.56。相对地，从2007年到2016年，地方税收占地方财政收入的比重从82%下降到74%。这说明地方的土地财政依赖度持续加大。

在土地财政收入增加的同时，地方债务规模迅速扩张。从2007年到2016年，财政赤字占地方生产总值的比重从5.28%上升到9.37%。2017年，全国地方债务余额首次超过了国债余额。2020年末全国地方债务率（显性债务余额/地方综合财力）超过97%，逼近国际警戒区间下限（100%）。另外，全国地方隐性债务规模较大、风险较高。

需要注意的是，从2018年开始，地方债务结构发生了改变：一般债规模迅速下滑，专项债规模迅速增加。数据显示，2018年，全国地方政府一般债新增22192亿元，专项债新增19460亿元；2019年一般债新增17742亿元，专项债新增25882亿元；2020年，一般债新增9800亿元，专项债新增37500亿元。

这是为什么？

一般债依托于地方一般公共预算收入，专项债依托于土地及项目收入。我们看2020年的全国一般公共预算收支，收入为18万亿元，支出为24万亿元，赤字逾6万亿元。再看地方一般公共预算收支，收入为10万亿元，支出为21万亿元，赤字逾11万亿元。这给一般债融资带来了难度。

实际上,从2018年开始,在宽货币宽信贷政策的支持下,地方财政又从土地财政货币化转向"双支柱":土地财政货币化和财政专项债化。

2020年,土地财政收入达到巅峰。全国土地使用权出让金收入8.4万亿元,创下了新纪录。土地使用权出让金收入与地方一般公共预算本级收入之比上升至0.84。土地财政依赖度超过100%的城市有20个,超过50%的城市有40个。同时,这一年,专项债新增3.7万亿元,占地方债务的79%。

2021年,中央银行及监管部门出台政策深度整顿房地产市场。针对开发商的"三道红线"和针对房地产信贷的商业银行"五档分级"政策严格控制了房地产市场的流动性。全国房地产市场进入寒冬,恒大、华夏幸福等大型开发商爆发债务危机。于是,土地财政上演了最后的疯狂,大规模出让土地和22个重点城市的集中土地拍卖将土地出让金规模推至8.7万亿元之巨。2022年第一季度,地方财政从"双支柱"转向专项债。

2022年第一季度,全国房地产市场深度衰退,土地使用权出让金收入11958亿元,同比下降27.4%。但是,全国政府性基金预算支出24787亿元,同比增长43%。其中,地方政府性基金预算相关支出24534亿元,同比增长42.9%。第一季度全国政府性基金预算赤字达10945亿元。土地出让金收入下滑,靠什么来弥补这项赤字?

目前来看,依靠专项债。第一季度,地方政府性基金的支撑从土地出让金收入转向专项债。2021年12月,中央财政就提前下达地方2022年的新增专项债,额度为1.46万亿元。截至2022年3月末，已发行1.25万亿元，占提前下达额度的86%。第一季度，全国土地使用权出让金收入减少了3000多亿元，但专项债增加了1万多亿元。2022年一共发放3.65万亿元专项债，要求在6月之前把大部分发下去。

接下来，政策会调整吗？

03
改革

现在进入一个关键期：专项债支撑的基建投资能否提振经济？专项债能否支撑房地产软着陆？

这两个问题的判断，影响着下一步房地产及货币政策的调整。

中央财政主要来自税收，对土地出让金的依赖要比地方政府小得多。中央层面更关注整体宏观经济的增长与风险。房地产在2019年之前是宏观经济增长的拉动力，但如今也被看作系统性金融风险的潜在诱因。2022年第一季度，政策倾向于大规模投资基建来支撑经济。

地方层面分为两块来看：近些年省级政府专项债规模大增，一定程度上降低了对土地财政的依赖，说明省级政府对房地产的信贷控制定力能够与中央保持一致。不过，省级以下的地级市及县级政府，没有单独发行专项债的资格，对土地财政的依赖度非常大。同时，三四线城市又是房地产和土地出让金深度下滑的地区，致使超过100个城市正在出台救市政策。

地级市及县级政府的土地财政和税收收入萎缩，加大了中央和省级政府的转移支付，导致中央财政压力增加，同时省级专项债可能下沉或扩大化。最终，中央财政收入也需要地方税收来支撑，省级专项债主要靠土地财政及税收收入来支撑。未来，继续加大基建投入是肯定的，2022年计划投资规模超过1万亿元的就有四个省。但是，是否放松房地产信贷、重启房地产市场和土地财政，还在评估中。

总结起来，从1994年分税制改革开始，地方财政经历了税收、税收与土地财政、土地财政及其棚改货币化、土地财政货币化及专项债四个阶段，地方财政收入对土地、货币及债务的依赖越来越大。启用专项债的目的是试图利用省级政府财政信用来降低地方财政对土地财政的依赖度以及债务偿付风险。当省级财政的专项债融资能力下降时，地方财政不得不依赖于中央财政以及国债。这就上升到了政府财政的最高信用，即国家信用。

所以，发行专项债不是解决债务的办法，终归要回到发展上来；财政、债务、房地产仍然有待深化改革。这场改革的深度、广度和难度不亚于分税制改革。财政改革方面，笔者认为需要处理好以下四重关系：

（一）中央与地方的关系：重构中央和地方财权和事权

1994年分税制改革后，中央和地方财权和事权不匹配的问题一直存在。地方财政的一般性公共收入占比偏低，支出责任则越来越大。

随着家庭收入的提升，民众对养老、教育、住房、医疗等公共用品的需求迅速增加，而这些支出责任大多落到地方政府身上。在四个账本中，社会保障支出负担越来越重的养老和医疗，目前接近30个省处于亏空状态，这一趋势不断加剧；一般公共预算支出负担地方交通、教育、住房等公共设施和民生福利，这一项基本上，处于赤字状态，而且赤字率上升压力不断增加。

财政改革的第一个方向是重构中央和地方财权和事权。过去，中央财政一直在加大对地方的税收返还和转移支付，但更需要从制度上重新匹配从中央到省级再到地市县级的财权和事权。2022年4月20日的深改会议强调，要清晰界定省以下财政事权和支出责任。此举主要是为了防范地方债务风险，主要还是要调整中央与地方的增值税、企业所得税分享比例，同时授权地方针对三套及以上的房产征收房地产税。

（二）政府与个体的关系：启用国有资本降低宏观税负

国有企业和国有资产是我国国民经济的重要组成部分，国有企业的收入本质上就是财政收入。四大账本中就包括国有资产收支。统计宏观税负时有一个全口径统计，所谓全口径，是指除了一般公共预算收入外，还包括政府性基金收入、国有资本经营收入（一项是国有土地收入，一项是国有企业收入）。按全口径统计，中国的宏观税负为35.2%，高于美国的26.3%。

财政改革的第二个方向是降低宏观税负。具体操作：加大国有企业的利润和税收的征缴力度，降低个人所得税率、企业所得税率和增值税率，降低社保缴纳比例，取消一切行政费用，启动流转税向直接税改革。

国有资产是全民资产，国有企业的利润和税收属于全民缴纳的税收。央企、国企每年上缴30%~50%的利润用于充实老百姓的社保账户，以缓解社保亏空和养老医疗难题，降低企业和家庭的负担。目前，地方财政四大账本中，国有资本经营收支最少，国企上缴的利润有待提升。烟草央企上缴比例为25%，石油、电力、电信、煤炭等央企仅为20%，地方国企实际上缴比例还要低得多，远低于法国国企的50%，瑞典、丹麦、韩国的1/3~2/3，低于上市公司的平均分红率。

早在300多年前，古典主义先驱威廉·配第就在其著名的《赋税论》中针对如何能更好地征税提出了这样一种办法：从英格兰和威尔士的全部土地中划出大约1/6的土地，大约400万英亩，作为国王的领地。国王收取地租，大约为200万英镑，作为税收以支持公共开支。

威廉·配第认为，如果国有地租等同于纳税，那么民众就可以免税，或减少纳税。他说，这种方法比较适合新的国家，比如爱尔兰。如果爱尔兰实施这种办法，那么任何在爱尔兰购买土地的人就都不必再缴纳原本在英国缴纳的免役税。

威廉·配第说："如果一个国家平时就把地租的一部分以征收土地税的形式留给国家，而不需要对国民征收临时的或突然的税收，那么，这个国家一定是一个幸福安康的国家。"

当然，这种做法并不能建立有效率的公共财政制度，但它却给我们以启示：降低宏观税负，财政能少取则少取，能多保障则多保障。

（三）财政与银行的关系：使用法律手段约束财政纪律

按照价格理论和科尔奈的理论，当今世界各国政府面临两大软约束：财政和货币，中国还要加上国有商业银行的信贷。财政、货币与信贷三大约束软化，容易击溃财政纪律，导致财政和货币失控。简单来说，就是央行给国有商业银行贷款，国有商业银行给政府贷款。

即便按以上逻辑合理匹配中央和地方财权和事权，地方财政也不可避免地追逐土地财政和银行信贷，这是由以上三大约束软化决定的。所以，土地财政并不是分税制改革的结果。

财政改革的第三个方向涉及银行制度改革。首先是国有商业银行市场化和利率自由化改革。如果缺乏充分的银行竞争和自由的利率价格，信贷就会陷入"一放就乱、一管就死"的陷阱。比如，过去房地产贷款迅速膨胀，如今八大行个人住房贷款不能超过32.5%。如果利率失去对价格的柔性调节作用，房地产市场要不急速膨胀，要不迅速入冬。所以，应通过价格硬约束商业银行，进而硬约束政府债务扩张。

目前，财政和货币都没办法实行价格硬约束，开放经济体还存在一定的价格硬约束，但主要还是制度软约束。稍微有效的制度软约束是财政与央行各自独立。比如，各国央行通行的做法是将货币政策目标指向通胀率，不能服务于政府目标。又如，分税制改革时，朱镕基取消中国人民银行分行直接向中央及地方政府贷款的权力，避免了财政赤字直接货币化融资。虽仍然是软约束，但财政纪律制度化还是有一定的效果的。

（四）财政与经济的关系：功能财政过渡到民生平衡财政

财政支出作用于经济。是投资基建、产业、央企国企，提供养老、住房、医疗，还是直接给家庭发现金？到底哪一种方式好？

很多人用名义GDP来衡量好的标准。这样，短期来说，政府更倾向于投资基建、央企国企、产业来拉动经济增长，这属于功能财政。但是，当基建和产业投资收益率下降时，功能财政的冲动容易诱发债务风险。

其实，好的标准应该是家庭实际收入增加，即将更多的财政投资养老、住房、医疗等社会福利设施，弱化财政拉动经济的目标，追求财政平衡和稳健，这属于民生平衡财政。当前，政府的迫切任务是增加医疗、教育、养老、住房的公共福利，切实增加普通家庭的收入，建立民生福利社会。

财政改革的第四个方向是财政激励制度。激励地方政府财政收入更多来自税基扩大，而不是举债；激励政府财政支出更多投向民生福利，而不是投资领域；最终，将地方政府的财政收入与家庭实际收入增加调到同一个频道上，从功能财政过渡到民生平衡财政。

参考文献
[1] 楼继伟.1993年拉开序幕的税制和分税制改革[J].财政研究，2022（2）.
[2] 威廉·配第.赋税论[M].马妍，译.北京：中国社会科学出版社，2010.

理论探索

现实的经济问题"横看成岭侧成峰",而经济学学理之道,往往能给人新的启发。理论的探索未必会验证于现实世界,但每一小步的探索前进,都是找寻规律路上的基石。

货币大变局（上）

主要观点：央行上缴利润，从现实角度来看，在财政方面有助于中央对地方转移支付，支持助企纾困、稳就业保民生。从理论角度来看，李嘉图认为，在某种条件下，政府用债券或者税收筹资，效果等价；而"铸币税"就是从理论上理解央行制度的清晰视角。

2022年3月8日，中国人民银行宣布向中央财政上缴超一万亿元利润——约工农中建四大行利润总和，用于留抵退税和增加对地方转移支付，支持助企纾困、稳就业保民生。

不熟悉经济的读者可能会感到困惑：中国人民银行作为我国央行，不是公共机构吗？怎么还负责赚钱呢？还能赚这么多？它是如何赚得巨额利润的？央行向财政部上缴起一万亿元利润，是货币扩张还是财政扩张？另外，央行会不会亏损？万一巨亏咋办？

本部分分为上下两篇，主要以"央行上缴一万亿利润"为切入点，分析法定货币制度的历史起源和中央银行的身份冲突及其引发的经济后果，探索未来的货币制度。

01
央行使命

"央行上缴一万亿利润"直觉上会匪夷所思,但从中央银行制度的角度来看又很正常。央行作为"银行的银行",从来不以赚钱为目的,但日常的货币政策操作可能"被动地"产生利润。

央行如何被动地赚到一万亿元?央行称,结存利润主要来自过去几年的外汇储备经营收益。其实,央行赚钱的方式跟商业银行没有区别:吃利差。

打开央行的资产负债表,资产端中最大的两部分是外汇资产和对其他存款性公司债权,央行的利润主要来自这两块资产的利差。

外汇资产收入主要是央行购买的美债利息收入。简单推算:2020年末外汇储备3.22万亿美元,2007年至2016年外汇投资平均收益率为3.42%,近些年随着美债利率下降而有所降低,2020年为2.73%。以2.73%推算,近两年的外汇投资收入约1700亿美元,按当前汇率折算约1万亿元人民币。

还有一部分收入来自商业银行的存贷款利差。央行(强制)吸收商业银行的存款,包括强制准备金和超额准备金,存款利率约1.6%(法定存准利率1.62%、超额准备金率仅0.35%);同时通过MLF、SLF、PSL等操作工具为商业银行提供贷款(再贷款、再贴现),贷款利率3%以上。贷款利率—存款利率,利差大概1.5%。近年央行宽松扩表,贷款扩张,这笔利差收入增加。

利差收入和外汇投资收入原则上均属被动收入。

怎么理解央行上缴利润?央行上缴利润给财政部,与中国铁路、烟草等央企上缴利润没有区别，也符合央行制度的国际通行规则。

利润上缴是扩张货币还是扩张财政？

货币方面。这笔钱上缴给财政部，央行资产负债表中负债端的政府存款增加。如果政府提取使用，它会转变为流通中的现金、商业银行准备金。这就意味着基础货币增加，虽然形式不同于降准，但作用类似，基础货币增加促进了货币总量扩张。

财政方面。2022年两会政府工作报告将预算赤字率安排在2.8%，比2021年的3.2%有所下降，但财政支出又多增加2万亿元以上。一般公共预算支出减去收入，再扣除预算赤字安排，还存在2.3万亿元的缺口。怎么弥补？有三条途径：调入预算稳定基金，调入地方财政结余（2021年下半年发行的专项债融资），合计1.3万亿元；另1万亿元来自特定国有金融机构和央企专营机构上缴的利润。2021年这项调入只有895亿元，开始以为2022年要求烟草等央企上缴大笔利润，后来央行上缴1万亿元利润的信息出来后真相大白了。2022年稳增长依赖于财政扩张，这笔巨款主要用于留抵退税和增加对地方转移支付，支持助企纾困、稳就业保民生。

央行上缴利润和央行印钱给政府（经商业银行购买国债），二者有何区别？形式上有区别，央行上缴利润虽然不算政府赤字，但本质上无异，均增加了财政收入、支持了财政扩张。

李嘉图早在《政治经济学及赋税原理》中做了解释：在某种条件下，政府无论用债券还是税收筹资，其效果都是相同的或者等价的，原因是政府发行的债券将来也是通过税收来偿还。这就是李嘉图等价原理。

央行赚的是谁的钱？由于央企属非竞争性企业，其赚取的利润其实是税收。同理，央行被动赚取并上缴的利润，非真正利润，而是税收。理解央行利润最准确的关键词是"铸币税"。铸币税英文为seigniorage，从法语seigneur演变而来，有封建领主、君主控制之意。在金属货币时代，君主利用皇家造币厂的垄断权赚取铸币利差——贵金属内含值与硬币面值之差。比如，平民拿10两银子来铸币，造币厂克扣3两，再用劣质金属代之，降低了货币成色，赚取了差额。《美国传统词典》做了广义解释：铸币税即通过铸造硬币所获得的收益或利润。换言之，央行使用铸币专营权赚取的利差属于铸币税。

其实，央行上缴利润是中央银行制度的通行做法。2020年日本央行上缴11.6万亿日元利润，2021年美联储向联邦财政部上缴1074亿美元利润。各国央行均为货币专营机构，上缴利润实为向财政部缴纳铸币税。

铸币税是理解央行利润的清晰视角，这个视角还可洞察中央银行制度的"尴尬"。央行是非营利组织，负责货币发行与管理，目标是宏观经济稳定（低通胀、充分就业、金融安全等），却被动地赚大钱，大疫之下还远超国有大行利润。这多少有点"尴富"。

能不能多赚点钱充实社保基金？其实，央行赚得越多，铸币税越多，宏观税负越重。更何况，能或不能，均是被动的，"听天由命"。

反过来，央行是否会亏损？亏损会损害货币信用吗？会亏到破产吗？

宽松周期，央行大概率被动赚钱；紧缩周期，央行利润下降，甚至被动亏损。2013年美联储副主席耶伦表示："美联储未来的利润可能会下降，甚至出现亏损。"美联储于2016年启动加息，盈利明显下降。

原因很简单,利差缩小,利润下降;利差为负,央行亏损。美联储主要收入来自在公开市场中购买国债、住房抵押债券的收益(SOMA资产组合以长期为主),成本主要是支付给商业银行的存款准备金(超额存款准备金以短期为主)。当货币紧缩时,联邦基金利率上升,推动短期存款利率上升,长期国债利率则下降,美联储的利差缩水。当利率倒挂(短期利率高于长期利率)时,美联储开始亏损。

2022年美联储开始加息,美联储及他国央行利润将下降,甚至可能亏损。纽联储预测,假设美联储2022年加息100个基点(不考虑缩表),则2022年和2023年浮亏占SOMA资产比例可达 -5%、-5.4%。摩根大通分析师估计,2021年第三季度美联储持有的投资组合年化收益率仅为1.7%;如果隔夜利率升至2.25%左右,美联储可能出现净亏损。如此,央行有点"尬穷"。

不以营利为目的的央行的利润尴尬——尬富或尬穷,均反映了央行的身份冲突。

02
历史惨案

以美联储为例,除了盈利尴尬,央行经常遭遇表达尴尬(信息公开)。

如果说美联储不以盈利为目的、不关注盈利和亏损,当美联储受询于国会时，议员会责难其管理不善：万一亏到破产，美元信用岂不崩溃？如果说确保美联储不亏损、不破产，议员又会质疑：暴富也是被动，破产也是被动，拿什么保证？如果直接说我有印钞机我怕谁，议员定会暴跳如雷：又试图印钞洗劫公众财富？于是，美联储官员只能尬聊：没有证据表明美联储会遭遇任何可能的亏损威胁。

格林斯潘是处理央行双重身份冲突的语言大师。这位美联储主席与市场博弈长达18年，能把"尬聊"变成让人捉摸不透的"美联储式话语"（语言腐败）。格林斯潘曾说过："如果你们认为确切地理解了我讲话的意思，那么，你们肯定是误解了我的意思。"

其实，美联储的尴尬——"暴富"或"亏损"、尬聊或格林斯潘式"语言腐败"，本质上是身份尴尬、法定货币尴尬和制度尴尬。

央行是什么？是公共机构，是市场主体，还是私人公司？美联储前主席马丁曾对美联储的角色有过非常经典的定义"在聚会渐入佳境时收走大酒杯"。

美联储虽然是不以盈利为目的的公共机构，但又是全球市场最具权势的市场主体、国际金融市场最重要的"交易员"——美元为全球第一大储备货币和国际结算货币。作为公共机构，美联储本应做到信息公开，被国会审查个底朝天，怎能暗地里"收走大酒杯"？但作为交易对手，美联储不能向市场透露底牌，有时还需故意放烟雾弹（预期管理）。索洛曾把格林斯潘比作一只戴着眼镜的乌贼：在察觉到危险后，格林斯潘就用墨汁把他的周围弄浑浊，然后默默地离开。

2007年次贷危机爆发，格林斯潘遭遇历史性审判。公众指责装神弄鬼的格林斯潘和美联储暗藏资本阴谋和勾当，要求国会审查之。伯南克接任主席后被要求定期出席媒体见面会与国会听证会，伯南克坦言对此不适应，感觉美联储的独立决策遭到干扰。接着，耶伦与鲍威尔两位主席加强了媒体沟通与信息公开，甚至在一些关键问题（货币政策）上打明牌。如此，鲍威尔被认为是迎合民众的决策者，失去了独立决策权，导致货币泛滥，降低了市场博弈，陷入了"美联储计划经济"。

美联储主席，是吃力不讨好的角色。怎么做都是错，问题出在哪里？

中央银行和法定货币制度早已是全球通行的根深蒂固的制度，极少数人对此抱有怀疑。实际上，中央银行和法定货币制度诞生的时间不到两百年，货币非国家化的历史要更长。古代皇家铸币厂只是被动造币的加工厂，货币供应由金银铜等贵金属产量决定，只有"官银"与税收应用场景是官方决定的。由于贵金属稀缺和运输成本高，大米、工时等作为货币在民间使用更广泛。同时，官方对民间钱庄的管理缺乏像中央银行一样的系统调节。

中央银行和法定货币制度开端是英国在1844年颁布的新银行法《皮尔条例》。1837年，英国铁路投资崩盘引发银行挤兑危机。注意，当时的银行包括英格兰银行都是私人银行，货币是私人银行发行的各类金本位银行券。危机爆发后，英格兰银行为保住黄金而关闭黄金兑换窗口。

英国民众对英格兰银行的信用违约极为不满，要求调查、废除私人银行。于是，议会"众院发行银行委员会"启动了一次听证会。会上，皮尔代表的通货学派认为，银行可以发行银行券，但是必须有足额的黄金储备，过度发行会诱发金融危机；图克代表的银行学派则反对全额黄金准备制度，认为银行会根据市场的需要供应信贷，不可能随意扩张银行券。

最后，通货学派获胜。1844年皮尔担任首相后签署了《皮尔条例》。这一条例改变了货币史：

第一，集中并最终垄断了货币发行权。该条例废止了多数私人银行的银行券发行权。当时英国有279家私人银行拥有发币权，若银行倒闭则发行额度自然失效，其额度转移到英格兰银行。最终，英格兰银行集中并垄断了铸币权。

第二，采用全额准备金发行货币。

第三，中央银行与商业银行分离。该条例将英格兰银行改组，分设发行部和银行部。发行部履行中央银行职能，负责发币、管理国债、保管黄金外汇等；银行部相当于商业银行，没有货币发行权，负责发放信贷。

《皮尔条例》相当于确认了英格兰银行的央行地位以及英格兰银行券的法偿货币地位——首家央行、首个法定货币诞生。"二战"后，工党政府将英格兰银行收归国有，使其彻底地变为中央的银行。英格兰银行央行地位得到确认后，各国纷纷效仿其建立中央银行和法定货币制度，形成了现代银行体系。

《皮尔条例》（主要是第一点和第三点）催生了中央集权式的统制货币、内部冲突的中央银行和跛脚的商业银行。可以说，当今世界发生的金融危机（债务、通胀与资产泡沫）均可追溯到《皮尔条例》上。

当时的经济学家为什么会发现这个问题？

哈奇森、斯密与休谟提出了苏格兰自由主义，此时正值维多利亚时代，曼彻斯特主义盛行，但是英国经济学家为何不反对垄断性的货币制度？

自斯密、小穆勒以来，经济学家信奉货币面纱论，错误地认为货币没有价值、可有可无，属于外生变量；何种货币制度安排，对经济增长并无影响。这叫货币外生性。所以，《皮尔条例》制造了货币垄断制度，只有私人银行反对，极少经济学家提出异议。据笔者所知，还是哲学家斯宾塞提出了质疑："既然我们信赖杂货店老板卖给我们的茶叶的分量，我们也相信面包店主卖给我们的面包的分量，那我们也可以信赖希顿父子公司（Heaton and Sons）或伯明翰的其他企业也会根据其风险、利润来供应我们沙弗林与先令（货币）。"

显然，斯宾塞没受到货币面纱论的困扰，提出了自由主义式质疑。后来，英国经济学顶级大师杰文斯竟以"劣币驱逐良币"反驳之："没有任何东西比货币更不适宜于交给企业进行竞争的了。"杰文斯怎会不知"劣币驱逐良币"因垄断强制而生？

总之，经济危机催生民众搭货币便车之动机，通货学派政治斗争获胜，经济学货币理论又存缺陷，中央银行和法定货币制度无可阻挡地诞生，这一历史事件造成了不可挽回的历史后果。

03
身份冲突

很多人误以为将中央银行和商业银行分离是现代银行体系的伟大创举。岂不知，《皮尔条例》分裂了原本简单完整的市场主体（拥有铸币权的私人银行），导致中央银行身份冲突、商业银行残缺跛脚（下篇分析）。

接下来以美联储为例具体剖析身份冲突。与英格兰银行（央行）类似，美联储也诞生于一场金融危机，即1907年金融恐慌。次年，国家货币委员会成立，委员会主席奥尔德里奇提出设立中央银行的"奥尔德里奇计划"，但未获国会通过。

这时，一位来自欧洲的银行家沃伯格挽救了该计划。沃伯格是最早把欧洲中央银行制度介绍到美国金融圈的人，他按照英格兰银行的设计框架修改了"奥尔德里奇计划"，被誉为美联储的总设计师。接着，参议员格拉斯在沃伯格的基础上提出了《联邦储备法案》。1913年底，威尔逊总统签署该法案，美联储诞生。

后来，美联储经多次改革，形成了今天复杂的联邦储备体系：

第一，联邦储备委员会是决策机构，负责货币政策和金融监管政策的制定；属公共机构，7名理事均由美国总统任命、国会批准。

第二，12家联邦储备银行是私人银行，是美联储真正的银行，负责货币政策和金融监管政策的具体执行。

第三，联邦公开市场委员会也是决策机构、公共机构，其12票表决权由公权力与私权力共同组成，其中7名理事组成的公权力占多数票，剩下5票来自五个储备行长，纽联储行长是永久不变席位，另外4票由储备行长轮值产生。

第四，外围还包括大概3000家会员银行，是美国私人银行。这3000家会员银行是12家联邦储备银行的实际出资人，是这个体系的真实股东，是美联储巨额存款储备金的来源。

联邦储备体系是一个典型的美国政治分权与制衡机构，被认为是天才般的设计（值得肯定）。但是，美联储自诞生之日起就遭到无数质疑："华尔街操控的银行""联邦政府的印钞机""亚非拉收割机"。

为什么？

不论美联储如何分权与制衡，它终归是一个央行——垄断货币的权力组织，无法摆脱内部二元身份冲突。《皮尔条例》犯下致命错误，它把身份搞得极为复杂：中央银行变成了"四不像"，左边是不以营利为目的的公共机构，与政府关系密切；右边是与市场交易的市场组织，与商业银行命运相连。

从人事权、表决权、货币政策目标和利润归属上看，美联储是公共机构，当维护公众利益。从出资人和准备金来源来看，美联储又是私人机构，当追求个人利润。美联储试图以体系分权来制衡利益、化解冲突，但又把二元身份的矛盾复杂化。

先看央行的公共属性。央行作为公共机构，广义上属于"政府的银行"，公共目标与政府目标高度一致，如此政府掌控央行具有某种合法性。当年威尔逊签署《联邦储备法案》的条件之一是7名理事中必须包括财政部长和货币监理局局长。虽然《联邦储备法案》也限制总统干政，比如一任总统最多任命两名理事，总统对理事、主席无罢免权，但早期的美联储决策被联邦政府控制，利率政策必须由财政部审批。不仅是美联储，各国早期的央行基本是政府的银行。

后来，埃克尔斯成立联邦公开市场委员会，马丁摆脱了联邦财政部的审批权，沃尔克独立决策成功抗击通胀，这三位主席极大地促进了美联储的独立和威望。至此，美联储从政府的银行变成"经济学家的银行"。这正是凯恩斯的设想。

但是，央行的公共属性决定了其与政府"命运与共"。美联储与联邦政府之间的关系：二者目标高度重合，皆以充分就业、通胀率为目标，皆有金融监管、经营国库之责，只是手段不同；二者手段相互依存，联邦政府财政扩张依赖于美联储的货币扩张，美联储的货币扩张依赖于联邦政府的债务扩张，只是信用来源不同；二者信用如硬币的"一体两面"，即"国库通银库，银库又通钱库"，美元以美债为信用锚，美元又是美债的信用锚之一（如今联邦政府靠美元扩张维系庞大债务）。

如此，美联储是一家与联邦政府藕断丝连又命运与共的公共机构。

再看央行的市场属性。央行是货币市场的唯一供应方，是重要的市场主体。按市场原则，出资人是央行的股东，决定其性质。若出资人是中央政府，那么央行就是垄断性的央企。若出资人是私人银行，那么央行就是私人银行，如12家联储银行。

最开始，美国所有全国性银行都必须缴纳一笔"份子钱"（存款准备金）入会。纽约五大会员银行购买了纽联储40%的股权，纽联储成为最大出资方。阴谋论者认为这是华尔街大佬操控美联储的铁证。1987年以后，州立银行也必须在联储银行存一笔准备金入会。作为一家私人机构，美联储以盈利为目的，出资人理应向其索取利润。

但是，《联邦储备法案》将美联储定义为公共机构，剥夺了出资人在委员会的人事权和联储银行的收益权。最初"奥尔德里奇计划"为何被否？原因是该计划将美联储定义为一家私人银行。同时，奥尔德里奇身份敏感，为共和党人，又与老摩根是亲家关系。《联邦储备法案》又以总统权力制衡私人银行权力，比如总部设在华盛顿而不是纽约，总统掌握理事任命权。问题来了，私人银行为何要加入无利可图的美联储？原因是我们下篇要讲到的最后贷款人原则,即危急时刻美联储有义务为"跛脚"的商业银行兜底。

如此,美联储又是一家与私人银行藕断丝连又命运与共的市场组织。当然,比私人控制的央行要好。

美联储是美国政治精英的伟大发明,同时也是央行二元身份冲突的放大镜。这种身份扭曲可以概括为以下几点:

(一)身份目标背离

央行作为不以营利为目的的公共机构,在宽松时期被动创造巨额利润,在紧缩时期又可能被动亏损。但是,作为一家垄断铸币权的专营机构,央行被动创造的巨额利润并非真正的利润,而是向纳税人抽取的税收;被动造成的亏损以及铸币费用均由纳税人承担。

央行作为货币供应的市场主体,理应以追求利润为目标,同时承担市场风险。但是,作为垄断铸币权的唯一供应主体,央行(不论央企还是私人银行)主动谋求利润相当于在市场中收割垄断租金(铸币税)。

(二)货币政策冲突

央行作为公共机构,理应维护公共利益,利用有限的公共信用救民于水火,在货币政策操作上"逆风而行",就像逆流而上的消防员。这是凯恩斯主义思想。但是,作为一个市场主体,央行必须遵循市场规律,避免价格惩罚,在货币政策操作上"顺势而为",就如紧急避险的私人企业。这是清算主义思想。

大萧条时期,这两种货币政策思想在美联储内部激烈冲突。之前,纽联储行长、银行家斯特朗掌控美联储,按照私人银行的意志,采取清算主义思想。接着,斯特朗驾鹤西去,美联储陷入权力真空,联储理事与私人银行势力相互争斗。危机爆发时,美联储如私人银行般避之不及,大规模紧缩货币,流动性立即枯竭。弗里德曼在《美国金融史》中指出,这是危机演变为大萧条的重要原因。然后,小罗斯福入主白宫,埃克尔斯担任首任美联储主席,夺取了掌控权,实行凯恩斯干预主义,大幅度降低利率、大规模救市。但是,罗斯巴德在《美国大萧条》中指出,美联储救市阻止市场出清才是大萧条产生的根源。

何解?二元身份冲突导致目标冲突,进而导致货币政策冲突。所谓名不正言不顺,在具体货币政策的沟通上,被公共机构与市场主体冲突困扰的"官员们"被逼成了语言艺术大师,从开诚布公开始,以模棱两可结束。

(三)利益盘根错节

央行二元身份决定了它与政府、商业银行的复杂关系。央行为商业银行兜底,商业银行为政府融资,政府为央行提供信用保障。美联储的天才设计机制何等精妙,同样受制于中央银行制度的身份冲突,以至于全球不可避免地形成货币—债券—信贷的巨大租金盘。长久以来,说中央银行制度化解了金融风险,挽救了政府财政、商业银行与宏观经济,其实无非是通过制造通胀(债务)、收取铸币税的方式将危机转嫁给社会个体。

这就是中央银行和法定货币制度的难题。一词蔽之:别扭。

自《皮尔条例》制造"历史惨案"后,现代银行体系内部不可调和的身份冲突，给全球经济带来巨大的危机。铸币权为何沦为人人角逐的公地，产生公地悲剧？强势的央行和跛脚的商业银行如何引发债务危机和泡沫危机？在全球化时代，法定货币制度为何引发米德冲突和特里芬难题？是否导致国家冲突和国际秩序崩溃（金德尔伯格陷阱）？美元是否收割全世界？如何解决？

下篇"货币大变局（下）"将回归到更为精彩又严峻的现实经济问题，探索未来货币变革之路径。

参考文献
[1] 威廉·格雷德. 美联储[M]. 耿丹, 译. 北京：中国友谊出版社, 2013.
[2] 穆雷·N.罗斯巴德. 美国大萧条[M]. 谢华育, 译. 海口：海南出版社, 2017.

货币大变局（下）

主要观点：《皮尔条例》开启了西方现代银行制度，但也衍生出了历史难题：美联储的道德风险和公地悲剧，对外美元则陷入特里芬难题和金德尔伯格陷阱。全球化时代，中央银行与法定货币制度之间的两难需要一个更科学、平衡的治理思路。

上篇我们发现，英国1844年的《皮尔条例》制造了"历史惨案"，开启了现代银行制度——一个法偿性质的统制货币、一个身份冲突的中央银行、一群跛脚的商业银行以及一张利益盘根错节的大型租金网络。

今天我们所遭遇的一切经济结果几乎都可追溯到这一糟糕的条例上。本部分接着分析中央银行和法定货币制度所引发的经济灾难和内外冲突，探索货币制度的演进方向。

01
跛脚银行

《皮尔条例》将发行部和银行部分离制造了灾难性的历史后果：央行成为了"公共机构"，商业银行变成了"跛脚银行"，内部出现道德风险和公地悲剧，外部陷入特里芬难题和金德尔伯格陷阱，触发了国家资产负债表危机。

作为公共机构，央行需要明确公共目标。20世纪七八十年代，国际上开始流行目标单一制，弗里德曼主张以货币数量为单一目标，蒙代尔主张以价格（通胀率）为单一目标。1990年新西兰开通胀单一目标先河，加拿大、澳大利亚、欧洲等央行纷纷跟进。不过，美联储的目标改革滞后。1977年《联邦储备法案》提出了双重目标（物价稳定和充分就业），但没有明确目标值，格林斯潘不希望个人裁量权被约束。直到2007年次贷危机爆发，美联储才提出更加明确的政策目标。

目标考核可以更好地约束铸币权，似乎只要把通胀率控制在2%以内的行长就是合格的行长。但是，这种"小技巧"被大的中央制度所淹没。只要理解需求理论和价格理论，我们就可以推断，强如格林斯潘般睿智的经济学家也无法摆脱统制货币的悲剧：

一是中央银行货币垄断的计划核算，因缺乏自由价格而无法确定货币数量。

格林斯潘是数据分析专家，他在美联储招募了一群分析师，建立了复杂的数学模型。蒙代尔的通胀率单一目标，意味着将国民价格指数置于央行的货币政策控制之下。

哈耶克认为，信息是分散的，无人可获得完整信息进行经济核算。米塞斯指出，兰格没有真实价格，无法进行经济核算。联邦基金利率并非真实的市场价格，此价格无法真实反映供需信息与风险信息，货币供给决策无从下手。2001年之后，格林斯潘"失算"了，他将市场利率压到自然利率之下，货币失控酿成次贷危机。

二是法定货币铸币权作为一种公共政策，因缺乏自由价格，存在分配效率损失。

在现行的国家制度中，税收价格机制失灵，公共政策的强制性和不可分割性导致一些人获益、一些人受损。由于美联储主席拥有未经选举的公权力，人人试图影响总统大选、国会听证会和媒体来角逐铸币权以获取最大利益。会哭的孩子有奶喝，没钱找央行印，搭便车动机引发法定货币铸币权公地悲剧。金融危机后，民粹主义崛起，美联储过度迎合民意，甚至在疫情期间修改货币政策目标，为政府融资给民众发红包。

商业银行变成了"跛脚银行"同样引发内部的道德风险。发行部和银行部的分离导致商业银行失去了铸币权，只保留了存贷业务。很多人误认为，央行与商业银行分离是制度创新。其实，这导致了银行体系畸形，中央银行像"妈妈"，商业银行像"婴儿"。中央银行与商业银行的关系很奇怪。中央银行是商业银行上游的货币供应商（市场合作关系），又是商业银行的监管机构（上下级关系）。中央银行既是运动员又是裁判员，对跛脚银行一方面施加各种监管和干预，另一方面用父爱主义给予"最后贷款人"保护。

接下来从技术层面来解释跛脚银行。在商业银行的资产负债表中,表面上负债(存款)等同于资产(贷款),但存款和贷款的流动性完全不对等。商业银行可以自由扩张资产(卖贷款),但无法自由扩张负债。商业银行的铸币权被剥夺,无法通过铸币来融资,只能向央行申请贷款,或者在市场上吸收存款。央行是唯一的基础货币供应方,决定了基础利率和贴现利率,商业银行无法自由地获取贷款,难以通过基础利率来识别风险,还受各种政策的限制。

"毛线说法"形象地反映了商业银行的跛脚现象。美联储提高联邦基金利率,直接推高隔夜拆借利率,商业银行因融资成本上升而减少贷款。紧缩过程像拉毛线,硬拽"负债腿"。美联储降低联邦基金利率,商业银行未必会因融资成本下降而同比例增加贷款。宽松过程像推毛线,软推"资产腿"。如此,成本不由自主,风险如何自控?这也说明:强制制造破坏,但创造无法被强制。

假如央行不增加基础货币投放和再贷款规模,商业银行只能从市场吸收存款,但存款越扩张,货币乘数越大,挤兑风险就越大。央行又会出手干预商业银行扩张,同时施加监管,比如提高资本充足率。

为什么会有最后贷款人原则?

《皮尔条例》剥夺了私人银行的铸币权,为了平衡利益,英国政府对私人银行许诺,若私人银行遭遇挤兑危机,英格兰银行就会为它们提供紧急贷款。《皮尔条例》的支持者、英国经济学家白芝浩在《伦巴第街》中将这一许诺概括为"最后贷款人"原则。《联邦储备法案》特意写入了最后贷款人原则。美国3000家银行成为成员银行,也是看重这一保护条款。实际上,英格兰银行(央行)和美联储均诞生于金融危机,都有寻求政治垄断力量保护的动机。

美联储前主席伯南克反复强调自己是援引该法案的最后贷款人原则对金融企业施救的。

但是，不论如何解释，最后贷款人原则实际上诱发了巨大的道德风险。央行给予商业银行父爱般的兜底，弱化了其风控能力和利率硬约束，助长了其扩张的野心。白芝浩指出，最后贷款人原则适用于经营稳健的企业，同时应收取惩罚性利息。这是无法操作的。经营稳健的企业遭遇危机可能性小，但若遭遇危机企业还如何承担高利息？有人指出，最后贷款人的目标是整个经济体系，而不是救助某个特定的金融机构。但是，危急时刻，救助大机构是首选目标。这又回到"大而不能倒"上。有人提出适当放弃巨头可破"大而不能倒"，像当年拒绝施救巴林银行、雷曼兄弟。但新的道德风险涌现：看谁先死。只要首个巨头倒下，其他巨头就获救了。事实上，雷曼破产引发金融海啸，美联储立即下水救场。

今天商业银行的种种危机均源自这种原本畸形外带五花大绑和父爱主义的制度。但这还没完。美联储拯救巨头引发了社会不满，进而导致最后贷款人原则扩大化引发更大的道德风险。民众纷纷要求美联储拯救家庭金融资产和提振就业，要求联邦政府提高个人社会福利。民众将私人铸币权让渡给了美联储，试图搭公共便车，所以美联储的最后贷款人原则适用于每个人而非成员银行。经多轮救市后，美联储从最后贷款人变成了"最后的买家"。

如此，铸币权推动政府、央行、商业银行与福利主义"四江汇流"，在内部制造了一个巨大的低效的"基本盘"——法定货币、信贷、债券、福利相互关联的"大公地悲剧"。

02
内外冲突

在全球化时代,中央银行与法定货币制度容易引发内外失衡,无法摆脱特里芬难题和金德尔伯格陷阱。

国家制度的垄断性与经济全球化(自由化)是一组不可调和的矛盾。主权货币制度与国际自由市场冲突不断,最典型事件是布雷顿森林体系崩溃。

布雷顿森林体系是"二战"后建立的以金本位和固定汇率为核心的国际金融体系。该体系暗含不可调和的国家资产负债表危机,于1971年遭遇国际市场冲击而崩溃。

法定货币制度制造了一个以国家为主体的央行资产负债表。在这个国家大账本中,负债端是法定货币,资产端是出口赚取的外汇。特里芬教授很早就指出其中存在一组矛盾:一个国家不可能同时出口货币和商品,必须二选一。在央行资产负债表中,货币出口多、商品出口少,相当于负债端扩张、资产端萎缩,两端失衡触及阈值即崩溃。这就是"特里芬难题"。

20世纪60年代开始,美国大规模出口美元、进口商品,贸易赤字加剧,加上越战扩大了政府赤字,美国从净债权国变成了净债务国,最终击溃了美元信用。法定货币是国家发行的通用债券,是一国之负债,若法定货币发行过多,无足够资产来兑付,则爆发债务危机。

布雷顿森林体系崩溃后,信用本位替代了金本位,自由汇率替代了固定汇率,特里芬难题是否消失?

并没有。只要中央银行和法定货币制度存在，央行资产负债表内部便不可调和。20世纪70年代后，美国继续出口美元，经常项目严重失衡，千禧年之前美国大逆差、日德大顺差，之后美国继续大逆差、中国大顺差。

现在的美联储资产负债表，债务端还是美元，资产端换成了国债，前者属通用债券，后者属非通用标准债券，那资产是什么？资产端的国债，实际是联邦财政收入（税收为主）。国家财政实力如何，内看财政赤字率，外看贸易赤字率。最近20年美国长期双赤字，为什么？由于特里芬难题的存在，美国大量出口美元，很少出口商品，引发巨额贸易赤字。金融危机后，美联储放水给联邦政府融资，这导致美联储资产负债表更加失衡，负债端大规模膨胀，资产端靠税收支撑的真实国债比重下降，靠美元超发融资的虚拟国债增加。这也是"特里芬难题"。

贸易顺差国的资产负债表也失衡。在央行资产负债表中，资产端最大的是外汇（美元和美债），负债端是法定货币。贸易顺差越大，外汇越多，资产端扩张，负债端也跟着扩张，本币发行增加。这是一种被动法定货币机制，即外汇占款，会形成真正的输入型通胀。

有人敏锐地指出，央行资产负债表未失衡，法定货币是基于可靠的资产美元来发行的。问题是，美元输入越多，美国那边的美联储资产负债表越失衡、美元越贬值，这边的中央银行资产负债表也自然失衡。当年德法日赚得美元越多越发慌，戴高乐赶紧抛售美元，派军舰把黄金从纽联储地库里拉回来。

近年，中国为避免被动印钞，降低了外汇资产比重。那么每年巨额的外汇输入去哪儿了？滞留在商业银行。如今，商业银行换汇累计的外汇存款已破1万亿美元,这笔外汇巨款的贷款利率偏低,9%被外汇准备金锁定,商业银行负债因此增加。怎么办?商业银行用票据抵押向央行申请人民币贷款。所以,央行的外汇资产比重下降,对商业银行债权增加,而对商业银行债权增加也是扩张货币。

中央银行和法定货币制度创造了一个个暗含特里芬难题的国家大账本。美元是第一大国际结算货币,美联储资产负债表中的特里芬难题更突出;美元还是第一大储备货币,若美元崩溃,很多国家的央行资产负债表也会跟着爆雷。

在全球化时代,中央银行和法定货币制度还制造了一个外部难题,即金德尔伯格陷阱。

金德尔伯格陷阱是美国经济史学家金德尔伯格在《1929—1939年:世界经济萧条》一书中提出来的。他从国际秩序的独特视角解释大萧条。金德尔伯格认为,大萧条起源于美国在"一战"后取代英国成为全球经济的领导者,却没能承担起全球公共用品的责任。英国在政治上依然是全球领导者,但在经济上已力不从心,这导致世界堕入大萧条与"二战"。在新旧经济大国交替之际,老大心有余而力不足、老二力有余而心不足,导致国际秩序的"公共费用"无人承担,从而使世界陷入领导力空缺、危机四伏的险境。这就是金德尔伯格陷阱。

"一战"后英法主导的混乱的国际汇率和"二战"后布雷顿森林体系的解体,都印证了存在金德尔伯格陷阱。在布雷顿森林体系时期,美国的任务是负责维持美元与黄金的固定比价,这就要求美国必须储备大量的黄金——国际货币体系的公共费用。由于特里芬难题的存在,随着美元贬值加剧,法国等用美元兑付大量黄金。1971年美元摇摇欲坠,美国不愿继续支付公共费用,宣布关闭黄金兑换窗口。

布雷顿森林体系解体后，金本位被信用本位替代，是否还存在公共费用？

信用货币并非"一纸钞票"，而是一种奢侈的公共用品，这种公共用品的信用需要大量的公共费用支撑。狭义上，美元以国债为锚，国债以税收为锚。广义上，美元的信用建立在美国强大的科技、金融及军事力量之上，而这些力量的维持需要大量的公共税收。可见，美元的信用由美国全体纳税人支撑。

在自由货币时代，私人银行按照市场原则为国际贸易提供货币——黄金或金本位银行券，不存在公共费用难题。但国家目前还是公共组织，法定货币的发行是一项公权力，为国际市场提供交易货币相当于承担着全球贸易的公共费用。可见，法定货币制度制造了国际货币市场的金德尔伯格陷阱。

美元作为美国的法定货币，也是"世界货币"；美联储是美国的央行，也是"世界的央行"。其中的问题是：谁该为美元体系支付费用？

敏锐的人很快就发现一个问题：美元不是收割全世界吗？成为"世界货币"是求之不得的事，怎么会吃亏呢？

这是一个重要问题。就美国整体来说，美国向世界输出美元是大赚的；但就个体来说，大赚的是商业银行，美国本土纳税人承担了美元铸币费用（铸币准备金）。问题出在哪里？

问题就在《皮尔条例》将发行部和银行部分离。原本二者合一，银行部通过利差赚取利润，补贴发行部的货币费用。二者分离的后果是，商业银行通过批发货币赚取利润，那么铸币费用谁来承担？

当然是央行，实则全体纳税人。有人指出，央行购买国债、为商业银行贷款不是可以赚钱吗？但是，央行说自己不是营利机构，不以赚钱为目的，它还可能亏损。假如美联储不赚钱，铸币费用由纳税人承担；假如美联储亏损，亏损也由纳税人承担。

有人说这不对，美联储印美元，所有美国人都是受益者，他们只要开动印钞机就可以买我们的商品。这是一个容易产生误解的问题。

假如美联储没有超发货币，美国人的受益情况是不均衡的：商业银行从美联储批发美元向全球放贷，铸币费用由全体纳税人承担，所以商业银行属于最大的受益者；跨国公司拿美元在全球投资和避税，属于次级的受益者；普通纳税人承担铸币费用、未享受信贷利润，不能算是受益者。

假如美联储超发货币，向全球收取铸币税，那么美国人短期普遍是受益者，受益次序依然是商业银行、跨国公司和普通纳税人；但是，长期普遍是受害者。

短期来说，美国纳税人不愿意独自承担铸币费用，更愿意美联储超发货币，赚取更多铸币税。央行宽松容易赚钱，紧缩可能亏钱，盈利增加央行宽松的动力，而亏损可能给央行带来紧缩压力。这就是美联储潜在的宽松动力。

金融危机后，美国民粹派质疑美联储使用纳税人的钱拯救金融机构。美联储主席伯南克拿出一个数据——美联储赚取了近1000亿美元来回击他们。这说明三点：一是美联储赚钱可降低压力；二是伯南克误导了公众，美联储赚取的并非利润，而是铸币税；三是公众乐于支持美联储向全球收取铸币税。

近些年，美联储大放水，大肆购买国债和对外贷款，利润节节攀升，2019年为555亿美元，2020年为888亿美元，2021年为1078

亿美元。大疫之下，经济低迷，各国央行被动地大赚特赚。这不得不让人怀疑，"不以赚钱为目的"已是皇帝的新装。

有人指出，商业银行其实早已支付了铸币费用，它们是美联储的出资人，缴纳了大笔"份子钱"。同时，它们虽然独享了信贷利润，但放弃了美联储的利润。反过来说，纳税人虽然支付了铸币费用，但也享受了美联储的利润。这相当于是利益置换。

这确实是央行身份冲突下的一种利益置换，但却因此助长货币失控。如果这种置换是合理的，那么纳税人就有权要求美联储最大限度地赚钱，即通过货币超发向全球收取铸币税。

布雷顿森林体系崩溃后，美国财长小约翰·康纳利在当年的十国集团会议上对各国财长说："美元是我们的货币，但却是你们的麻烦。"这句源自温特劳布教授的话随后传遍了世界，也形象地表达了金德尔伯格陷阱。美联储受制于纳税人压力下的超发货币，其内涵是：美国纳税人不想独自承担美元铸币费用，向全球收取铸币税，让全球共同承担。

这是美联储和美元的难题，更是中央银行和法定货币制度的难题。

03
货币变革

怎么办？

上篇我们分析了美联储制度。美国政治精英设计了一套分权制衡的精妙机制，经济学家还提供了单一目标制，试图促进美联储官员独立决策。然而，任何人为构建的制度再完美也不过是软约束、低效率的，唯有自由价格约束是硬约束，唯有自发秩序是高效率的。

20世纪70年代崛起的弗里德曼的货币主义和80年代崛起的沃尔克主义分别在理论上、实践上干了同一件事，那就是让货币恢复价格自由。弗里德曼主张利率自由化、汇率自由化、资本在全球自由流通，用其价格理论一言蔽之：最大限度地自由化；沃尔克抗击通胀的成功经验是唯有价格平复，市场才能重启。下面我们重点关注利率自由化和汇率自由化。

美联储成立后长期以控制美债收益率曲线为目标，实际上利用铸币权间接控制市场利率。"二战"时期，美联储的主要任务就是压低利率，帮助美国政府获取低成本的战争融资。1977年《联邦储备系统改革法》赋予美联储"双重使命"，即充分就业和价格稳定，利率自由化才逐渐释放。1982年沃尔克成功抗击通胀后，利率市场一日千里，促进了美国金融市场繁荣。有人认为，美国信贷失控酿成了次贷危机。实际上，次贷危机的始作俑者是美联储。相反，利率市场一定程度上缓解了美联储大放水的危害。

看具体的数据。从2009年12月到2021年12月，美国的M1（狭义货币）翻了11倍，但M2（广义货币）只翻了2.5倍，而一个国家的货币总量主要看广义货币。利率市场的价格调节和商业银行的谨慎，抑制着美国货币总量的膨胀。相反，利率自由化程度越低的国家，货币总量越容易失控、商业银行的风控越脆弱。在最近的两轮宽松大潮中，新兴国家的信贷普遍失控，货币总量增速和规模均高于美国。在接下来的紧缩周期中，信贷失控的国家可能面临货币（债务）危机。

再看汇率自由化。布雷顿森林体系是固定汇率，各国法定货币缺乏自由竞争，汇率价格人为失灵，全球货币配置低效。1971年布雷顿森林体系崩溃后，全球自由汇率市场开始形成。最初，虽然欧美国家的财长和行长也试图干预汇率，比如被人津津乐道的"广场协议"和不著名的"卢浮宫协议"。但是干预的间接后果是两次金融危机：1987年"黑色星期一"和1990年日本泡沫危机。经此两役后，欧美和日本均想通了，在90年代彻底实现了汇率自由化（含利率自由化）。

1988年，亚洲一些国家通胀高企，弗里德曼访问亚洲时建议政府开放汇率，通过自由汇率来抑制通胀。他认为，在汇率自由化和资本国际自由流通的环境下，如果国内超发货币，货币会贬值，汇率会下跌，大量资本会转移到国外，这样就可以抑制货币超发。这就是汇率自由化的竞争逻辑。

一切能够自由化的均自由化，让市场配置货币总比美联储官员强，但是弗里德曼面临一个终极难题，那就是央行依然垄断着铸币权。该怎么处理铸币权？

弗里德曼提出单一目标制，即央行官员以货币数量为目标进行决策，蒙代尔主张以通胀率为单一目标，二人当年在芝加哥大学时为此唇枪舌战。弗里德曼认为通胀率目标相当于控制了市场价格，违背了价格自由原则。蒙代尔反驳，投资银行时代的货币数量很难确定。弗里德曼想了一个办法，让货币数量增速与经济增速相适应。在沃尔克时代，弗里德曼还伙同格林斯潘、舒尔茨上书里根总统："撤掉美联储（理事会），然后用一台计算机替代。"（玩笑又甚于玩笑）

其实，没有哪个人知道市场每时每刻需要多少货币、以什么价格成交、中性利率是多少和货币偏好怎么样。现代银行制度将铸币权交给央行官员专营制造了一个无解之题。法律制度约束是软约束，自由价格约束是硬约束，若无法用自由价格约束铸币权，只能用最机械的办法将其锁定。显然，弗里德曼对机器的信任甚于人。

弗里德曼的货币理论是最自由的法定货币理论：机械铸币权＋自由利率＋自由汇率。自由利率相当于跛脚商业银行在利率市场中相互竞争，自由汇率相当于各国法定货币在国际货币市场上相互竞争。

但是，弗里德曼的货币数量单一目标制陷入货币内生性悖论：货币增长与经济增长相适应，而货币本身是经济的一部分，其供应多寡、利率高低作用于经济增长。

其实，央行终归还是身份冲突的央行，商业银行还是那个跛脚的银行，法定货币始终还是统制货币。更糟心的是，只要一场危机，央行便携凯恩斯主义重回权力中心，进而制造灾难。

20世纪90年代，有人问弗里德曼：凯恩斯主义消失了吗？他回答，过去几十年，加尔布雷斯肯定比他过得好。弗里德曼批评，老布什总统背弃里根自由主义，格林斯潘无法抑制其控制经济的欲望。"9·11事件"过后，弗里德曼对小布什及格林斯潘的行动强烈不满："世界经济状况在2001年9月11日后彻底改变了。"有时候在想，如果让弗里德曼担任美联储主席，又正好碰到了2008年金融危机，他会怎么做？

对于现代银行制度，美国政治精英将其分权化、复杂化，弗里德曼将其简单化、自由化。2008年金融危机后，伯南克、耶伦、鲍威尔三位联储主席将现代银行体系做成了"夹生饭"。

弗里德曼的利率自由化和汇率自由化将央行置于国际市场竞争之中，削弱了铸币权的垄断属性，促进了央行与商业银行的身份弥合于干脆利落的市场主体。但是，央行又是不以营利为目的的公共组织，以公共利益为目的的权力干预反噬了自由利率和自由汇率。

原本，自由利率、自由汇率和商业银行对货币总量进行了有效调节，但是央行铸币权的滥用随时可能误导和破坏市场。比如，千禧年后，格林斯潘长期将联邦基金利率压在2%以下，这扭曲了利率价格，误导了商业银行、投资银行、投资者和中产家庭，最终导致次贷泛滥和衍生品膨胀。又如，金融危机后，全球主要国家央行大幅度压低利率，实施量化宽松，甚至跳过商业银行直接给企业贷款。此举严重扭曲了市场利率，导致了信用信息失真，阻断了市场出清，破坏了竞争机制——价格奖励与惩罚颠倒。另外，金融危机后，更多的国家回归到有管制的汇率制度，汇率对铸币权的制约被削弱。

接下来，怎么办？

唯有更彻底的自由化才能瓦解现代银行制度的顽疾，挽救《皮尔条例》造成的历史后果。哈耶克曾说过货币是自由主义的最后一个堡垒，他在晚年也想通了，主张货币非国家化。哈耶克曾问弗里德曼，作为一名自由主义者，为什么不支持将货币交给自由市场去配置呢？弗里德曼没有正面回答，只是说货币很重要。

自由货币让铸币权回归民间，让货币在市场竞争中产生。它可能是金本位货币（私人银行），也可能是官方发行的自由竞争的货币（竞争性国有银行），还可能是跨国界的有资产抵押的数字货币（社群）……总之，你我说了不算，取决于无数人无数次的边际选择。

自由货币可以终结中央银行和商业银行的百年分裂，化解中央银行的身份冲突和商业银行的跛脚难题。发币银行不再纠结，用心铸币，专心放贷，努力赚钱。当然，不能缺了监管，央行应化身为监管机构，严格监管，公平监管，科学监管。同时，自由货币也不存在特里芬难题和金德尔伯格陷阱。

我们是要回归到《皮尔条例》之前的金本位时代吗？要回归到"野猫银行"泛滥的美国自由银行时代吗？要进入信仰昭昭又镰刀遍野的数字货币时代吗？

我们唯一可靠和值得遵循的是逻辑，而非历史与幻想。自由货币并非对市场的崇拜，而是对自然性的尊重。货币像语言一样是自发自生秩序，是个人行使基本权利——生命权、财产权和交换自由的结果。

奥地利学派创始人门格尔是市场过程理论的创立者，哈耶克继承了其思想，用市场过程来解释货币的起源。黄金并非天然是货币，它是人们经过千百年无数次交易大浪淘沙的产物。金本位货币的本质不是银行券而是黄金。金本位货币是刚性兑付，刚性兑付之意是人们只认受自由价格硬约束的黄金。1971年布雷顿森林体系解体后，不可刚性兑付的信用法定货币替代了金本位法定货币，人为制造的国债替代了自发自生的黄金。一些经济学家怀念金本位，怀念的正是黄金这种自发自生秩序。当然，这一体系崩溃最大的好处是重启了汇率自由化。

国债不也像黄金一样受自由价格约束吗？在汇率和利率自由化的国家，国债受利率市场的调节，政府不能随意发行，央行也不能任意吸收国债发行货币。但是，央行是铸币权的垄断者，还是国债的最大持有者，它可以利用铸币权改变国债价格，为政府提供融资。此举在金融封闭国家更甚。

其实,"二战"后70多年,全球主要国家都在沿着自由化方向快速演进。国家经济制度在经济全球化中不断对外让渡以及按市场原则重塑。

参考文献
[1] 威廉·格雷德.美联储[M].耿丹,译.北京:中国友谊出版社,2013.
[2] 保罗·沃尔克,克里斯蒂娜·哈珀,坚定不移[M].徐忠,译.北京:中信出版集团,2019.

大家治学

治学,"博学之,审问之,慎思之,明辨之,笃行之。"

观大家治学,如晨钟暮鼓、拂尘之音,往往雄浑悠远、激荡人心。

相对其他学科的学者,经济学家们往往更有趣、入世。他们关注一片面包、一棵橘树的价格变动,也痴迷于丝丝入扣、一丝不苟的逻辑推演。

走近经济学家,触碰乐观、理性的人生之光。

狂生张五常

"狂生"张五常,是张五常的公认名号。

张五常自小混迹于市井,年少时又在中国南部流亡,喜欢观察人间多于作学堂课文。青年时代出国,张五常与美国经济学大师"切磋",思想天马行空、不受约束让他收获脱俗见解。他就像一个"活化石",让我们能近距离看到芝加哥时代的"百花争艳",感受大师之风和自由之风。

与大师并行,张五常各种"天才"事迹不绝于耳:

有人曾问斯蒂格勒:数学对经济学真有那么重要吗?斯蒂格勒回答:这是个愚蠢的问题!世界上不用数学还能站得住脚的经济学家只有三个:科斯、阿尔钦还有张五常。

然而,1980年归国后,张五常的光环却渐渐黯淡。

与传统的大家不同,他从不掩饰自己的骄傲和得意,也从不怕说出异类言论。有人认为张五常回国意在功利,有些"自毁招牌"。然而,张五常是过瘾的。1986年,在经济学家杨小凯对张五常的访问中,张五常这样概括:"七年来,我从产权及交易费用角度来看中国的经济改革,精彩之极,但可惜这一个'节目'的观众,似乎就只有我一个人。"

张五常介绍自己,除了学生和教授生涯之外,逃过荒,做过生意,卖过古董,搞过艺术展,打过官司,当过分析员。在众多的经济学家中,张五常是奇人。他的狂妄与真性情混为一体,至今仍然是经济学海洋里的一顽童,一狂生。

01
乱世奇才

1935年,张五常在香港西湾河太富街12号二楼出生。除去随母逃难桂林、在佛山念书的阶段,他在香港的时光大多在西湾河一带度过。

张五常出生时,父亲开的电镀店铺正兴旺,因而家境不错。张五常的父亲名张文来,年少从广东惠州来港,当过役童、挑过石头。他做电镀学徒时,自学英文,翻译了一本电镀手册,被同行们奉为"祖师爷"。后来,张文来自立门户"文来行",卖电镀原料。现如今,文来行已成为百年招牌。

张五常兄弟姐妹众多,家宅位于西湾河对面的澳背龙村。张五常父母在澳背龙村的一个山头上选好土地,建造新房。张五常回忆童年,年仅三岁的他被母亲命令在院子里监工,"三铲沙要用一铲水泥"。

六岁时,澳背龙村的温馨童年戛然而止。1941年,日军轰炸了香港的启德机场,战火烧到了香港。张五常一大家子商量好,兵分两路。母亲带着七个孩子一起逃至桂林,父亲与剩余的孩子留在香港照看生意、店铺。逃难三年,小张五常见识了人间疾苦。

逃难虽苦，但学还是能上。张五常的三个姐姐念了桂林医学院，张五常与他哥哥进入附小读书。学堂中，虽有读书的安稳，但是因饥病而潦倒的小同学也不鲜见。彼时同龄小孩子的境况，张五常年久难忘。

1944年，日军将要攻至桂林，桂林城防守司令相继发出一号、二号疏散令。到9月，发布三号强迫疏散令，要桂林所有居民三天内离开城市。学校里人渐渐空去，年仅八岁的张五常也混迹在兵荒马乱的流亡队伍里。他孤身一人，跟着火车逃回柳州。大乱之下，母子一行人历经辗转，最终在桂平会合，继续找地方避难。

母亲带着七个孩子，一路行至那沙。张五常兄弟姊妹病着的休养，年长的姐姐们通过为村民修补衣服来换取食物。张五常背着年幼的妹妹，在草丛田埂溪流之间尽可能寻找些吃的。在那沙这个远离人烟的小村落里，张五常每日在农田看农夫耕种，在旷野间奔走。日后他写道，"二十二年后，在那沙所见的给我一项很大的回报。我在《佃农理论》中能清晰地解通中国农业运作的密码，是因为对着那些密密麻麻的资料数据时，在我的脑海中，年幼时在那沙见到的农作景象一幅一幅地浮现。这也解释了为什么多年以来，我不认同经济学者频频用回归统计来分析数据，因为我认为他们基本上不知道有关的行业或市场究竟是怎样运作的。另一方面，如果从事研究的人清楚地知道一个行业的真实运作情况，要解释或推断，回归统计这个法门的作用不大。"

1945年，战乱结束，张母终于带着七个孩子安然无恙抵达香港。

或许是天然个性，又或许是逃难这三年的经历让张五常习惯天马行空、不拘约束。回归正常的校园生活后，他却常吃学校规训教育的苦头。"我喜欢来去自如,独自思考,老师说的我不喜欢听就魂游四方。同学上课,我自己会跑到佛山的田园呆坐到夕阳西下。(佛山)华英的日子吃不饱,衣服残破,无钱理发,提到张五常,老师与同学无不摇头叹息。"

17岁,张五常升至香港皇仁书院继续念书,顽性不改。留级一年后再考试,主要科目作文科差一分不及格,最终被驱逐离校。离校后,张五常便在父亲的店铺打工。闲时,他混迹于太宁街,结识了一群奇人异士,与他们谈天说地。这群人都没有受过高等教育,但是思维活跃,各有禀赋,其中有后来拿下乒乓球世界冠军的容国团,踢足球的黄文华,名诗人舒巷城,等等。张五常自己也多才多艺,书法、摄影后来都取得了一些小成就。

童年,逃难,旷野生存,后又玩耍于市井之间,这一切让张五常极为入世通达,以至于后来做经济学学问时,他不满足于仅仅在理论楼阁中寻找,而是总想要亲自去实地,去找找看看。

张文来常年在外做生意,对张五常的照拂关心很少。张五常离校的这一年,父子二人对谈变多。然而,同年张五常父亲便因病去世。父亲去世前,教导他,"我认为你是可造之才。你不喜欢读书,做生意也罢。但别忘了,我对有学问的人五体投地。"

1957年,已经二十二岁的张五常离开中国香港,前往加拿大多伦多。这一趟出行是为着生意,但他也想"试试运气"。到了多伦多只几天,张五常就决定留在这里读书。他花了两年时间自修英语,二十四岁这一年考取了美国加州大学洛杉矶分校。从此,又开启了一段常人难遇的求学经历。

张五常正好赶上了西方经济学界百花齐放的新自由主义时代。从本科到博士后,张五常遇见了近十位20世纪的大师,而他那突破常规、汪洋肆意的思维方式在自由学术上别开生面，也讨得了众多大师的欢喜。

02
大师派对

下定念头要读书后，张五常在学术上一路向前。1959年拿到学士学位，1962年拿到硕士学位，1967年拿到博士学位。张五常后来也感叹，像他这种"顽劣"之人在美国的教育体系中反而如鱼得水，其儿子侄子亦如此。

本科阶段，张五常选修科目多且杂，对历史极感兴趣。必修课程完成后，他又在旁听课上花费心思，专挑功力精湛的教授去旁听求教。

1962年，张五常已经拿到了硕士的学位，他慕名去旁听了教授杰克·赫舒拉发的价格理论课程。赫舒拉发此前曾在哈佛、芝加哥大学教经济学。在张五常的印象中，赫舒拉发是一个极为谦逊的老师。张五常思维活跃，在赫舒拉发的课堂上不停提问，有时课堂甚至演变成两人的问答。两年后，赫舒拉发发现张五常仍然在旁听自己的课程，感觉奇怪，而张五常答：你的理论我早就通过你的著作学会了，我旁听只是为了学你的思考方式。

研究生毕业，张五常在院里已经出名，以能答疑难题、大胆活跃著称。这时，教授阿曼·阿尔钦来到了该校。阿尔钦在1950年发表了《不确定性、进化和经济理论》，享誉学界，也是现代产权经济学的创始人。张五常曾为阿尔钦感到可惜，因为阿尔钦有关产权的大多数理论都是课堂口述，而未成书立著。

早前，阿尔钦就因授课时天马行空、不拘一格在同学中小有名气，十分吸引张五常。况且，阿尔钦在价格理论上的功力也被多位老师肯定。张五常一直认为价格理论是经济学的基础，想要通透掌握，也极为深难。因此，"凡有高手讲价格理论，定不会放过"。

不过，阿尔钦在课堂上并不讨论难题，反而常常抛出一些最浅显和简单的问题。第一节课上，阿尔钦抛下一个问题："假设你在一个有很多石头但是没有量度工具的海滩上，你怎样才能知道某一块石头的重量？"同学们一个个回答，阿尔钦不作一声。接连几堂课，阿尔钦一直没给出答案，任凭学生自说自话。

直到第五个星期，阿尔钦进教室后，便问道：你们明白了吗？学生问：明白什么？阿尔钦说：量度石头重量的困难。随后阿尔钦滔滔不绝阐述了量度与推断的关系、客观与价值观的区别，令张五常印象深刻。第二个学期，阿尔钦又以一个问题"什么是货币"开题，让同学们尽情讨论这一问题的答案。张五常旁听了阿尔钦教授六个学期的课程。到了第三个学期，才慢慢领悟。此后，能听尽听。

受阿尔钦的影响，张五常反复思考最浅显的答案和现象。而每次向老师提问前，张五常都通宵达旦在图书馆翻阅数据，这样才能与阿尔钦交锋几次。时间久了，阿尔钦才允许张五常去他的办公室问问题，学生中有如此待遇的也仅有张五常一人。

1964年，张五常开始为博士论文做准备。好几个选题都无法成型，他索性抛开论文去搞摄影达六个月。1966年初，张五常在长滩大学任教，他偶然在图书馆里发现了全套的《台湾农业年鉴》。土改后，政府对地主分成给予上限约束，而在这种管制下，农业的产量竟然大幅上升。这引起了张五常的好奇。他发现这本年鉴数据翔实，并无异常。后来他一鼓作气，花了几天时间做了理论上的推演，成功建立理论模型。如张五常所说，"理论这回事，要不是想不出来，就是灵机一触，三几天就可鸣金收兵。"随后他又花了四个月的时间，用数据计算的方式多重验证自己的结论，发现一一对应。

11月，张五常将11页论文初稿寄给了加州大学的教授们过审。论文初稿研讨会召开那天，张五常驱车前往，十多位教授参加了讨论会，赫舒拉发、阿尔钦均在列。然而，张五常的论文结论引发了现场多位教授的争议。读到第一页，许多教授就认为张五常的结论大错特错，开始争论。第二页的阐释又花了三个小时，张五常每一句阐释都遭到导师们的轮番提问。如此，从下午五点到晚上十一点，争论不休，没有结果。

回程路上，张五常心灰意冷，打电话询问赫舒拉发是否需要放弃题目，但却得到赫舒拉发的高度赞扬。一个月后，阿尔钦打来电话，告诉张五常可以开题。

张五常用了8个月时间就完成了论文，两位导师也先后给张五常的初稿进行校正，阿尔钦更是逐字逐句修改，首版批改得面目全非。张五常最初拿到手时都快哭了，回家后对着修改一处一处消化，"越看越心惊，越看越佩服"，不知不觉一夜过去。在大师指导下写论文，让张五常受益无穷。他说，从此他懂得了如何写"明朗的文章"。学术作文切忌舞文弄墨、模棱两可，概念要清晰，思维要连贯。这样的信条张五常谨记一生。

张五常的这篇毕业论文《佃农理论——引证于台湾的土地改

革》，后来成为了现代合约经济学的开山之作。佃农理论有两个前提：第一，市场是充分竞争的，因而存在一个市场薪酬，所有的农户和地主可以相互选择；第二，农户可以与地主协商分成的比例。在这种情况下，张五常用台湾的农业年鉴数据论证出，无论采取定额还是按比例分成的合约模式，最终土地的效率不受影响，地主和农户的收入也都不受影响。

其实，《佃农理论》是通过对不同的合约收入进行理论推演和数据论证，从而再次验证了科斯曾在1960年发表的《社会成本问题》中提出的理论。这篇论文源于科斯当时所在的芝加哥大学流派与古典经济学派发生的一场大辩论，原本是为了阐述外部性问题，但现在成为了现代产权理论的代表作。这一理论被命名为"科斯定理"，可以解释为：在产权明确且交易费用为零的前提下，无论产权归谁所有，都不影响最终的效率分成。除此之外，佃农理论的研究还引出了几个重要的命题研究，后来张五常就外部性、私产分别著作。

《佃农理论》在当时便得到了诸多经济学大师的首肯，芝加哥大学只看到了第一章便决定给张五常发放博士后的奖学金，并给他为期一年的研究员职位邀请函。论文的理论部分《私产与佃农分成》也被发表在芝加哥大学的《政治经济学报》上。其实，弗里德曼早先就在一次研讨会上注意到了张五常，也曾向经济学系推荐过张五常。就这样，1967年，张五常来到了芝加哥大学。

可以说，这是芝大经济学的黄金时代。张五常遇到的同僚里后来获得诺贝尔奖的人就有六个。而且，芝大的学风活跃，讨论会和宴席日日不停，张五常可与这些经济学大师们比肩畅聊。张五常的办公室就被安排在弗里德曼办公室隔壁，两人均是思维敏捷之人，上下班路上畅聊经济学问题，结下了深厚友谊。后来，张五常的婚礼交给了弗里德曼主持；弗里德曼来华，也是张五常一路安排。

聊张五常的芝大时代，不能落下科斯。两人一见如故。张五常这样描述两人的相识场景：

我对科斯自我介绍说：我花了三年工夫读你的《社会成本问题》。科斯问：你认为我那文章是说什么的呢？我回答：是说合约的局限条件。他站起来，说：到底有人明白我了！渐渐，张五常发觉，科斯的思维与自己最像，不用数学，不谈逻辑，尤其是在实证研究上两人秉持相同的态度。与科斯一起，张五常在合约、产权及交易费用上的研究日益精进。

1937年，科斯发表了《企业的本质》一文，当中提出了"交易费用"这一概念。如果按照结论，既然几种合约有相同的效果，那么市场为什么会选择不同的合约？张五常经由佃农理论衍生出来的疑惑，从科斯的"交易费用"中获得了灵感。"我恍然大悟，突然意识到科斯的公司文章也是在讲合约的问题"。合约，是约束竞争的制度。而在现实世界中，约束竞争也有费用，那就是制度费用。

在芝加哥大学不足两年，张五常接到了华盛顿大学的聘请，这是一份终身雇佣邀约，而且给的薪资更高。张五常本就觉得芝加哥大学太过热闹，更愿意寻一个清净的地方在思想世界里独处。1969年，张五常前往西雅图任职。这里也有他在香港爱看的海景。

03
狂生归来

1979年，撒切尔夫人办公室向张五常发来约稿，询问他中国的经济走向。

张五常同年刚好访问广州，结合在中国的见闻，做好理论构建，最终完成一篇文章。张五常当时的结论是："中国将来所采用的产权结构必然与私有产权结构极其相似。"

这个结论不是无中生有，也不是根据见闻预料，仍然基于理论上的推演：制度是界定产权结构的法律和规条，人们根据制度来竞争交往，制度约定了人与人竞争交往的局限条件和规则；而私有产权与公共产权就是两种不同的制度。现实中，制度的运行和选择都是有交易费用的。遵循局限下取利这一经济学的基本假设，社会会选择一个交易费用低的制度。要解释制度选择，就需要证明在有限条件下，这种制度的交易费用是最少的。"同样，倘若知道局限条件发生了改变，我们就可推测制度的转变。"

1980年，美国经济学会上，科斯约见张五常。他简要说："听说中国有可能改革，你要回到中国去。经济制度的运作你可能比任何人知得多，又懂中文。他们不改，无话可说，但如果真的要改你回到中国的贡献会比留在美国的大。"

科斯的嘱咐张五常没有回应，但是却记在心上。几个月后，张五常被告知港大经济学讲座教授有空位，科斯也催促他接受邀请。就这样，张五常在这个激荡的十字路口回到了中国。从此，他开始跟进中国改革。

回国后，张五常开始用中文写作。第一篇中文文章《千规律，万规律，经济规律仅一条》是张五常口述，朋友执笔完成。他在文章中指出，只有价格机制才不会导致租值消散；而价格体制只有在私有产权下才有实现的可能。这篇文章正迎上了经济改革的命门，唱响时代的回音。随后，张五常频繁发文。1984年，他写下《卖桔者言》，1985年写下《中国的前途》，1987年写下《再论中国》。这些文章语言直接，风格犀利，有些时时跟进时事，引发了许多关注和争议。

其实，回国前后，张五常花了一番心思：如何才能让中国决策层接受他带回来的市场理论？

最终，张五常选择了科斯这张牌。况且，他认为中国要做经济制度的改革，产权和交易费用是最佳视角。对于这个他与科斯钻研多年的领域来说，也正逢其时。

张五常选科斯的理论，不强调私有产权的优越或重要，而是从权利界定的角度看私产。1970年，张五常就在一篇文章中提出，私产的界定在于使用权、自由转让权、收入享受权，而无关乎所有权。80年代前后，在求贤若渴、急于改革的路口，张五常多次被地方官员请来讨教答疑。他同样将这一理论解释给重要人物们。

1985年，张五常写道：中国内地的体制改革到了比较困难的境地，若要继续改进，震撼性的决策措施是需要的。有关解除外汇管制、解散国家职工、国营企业改民有、土地出售等改革政策，他大胆谏言。

就土地改革这一项，1985年，张五常被邀请至北京做调研。张五常大胆提出，所有权并不重要，建议将所有权和使用权分离，所有权归国有或公有，而使用权可转让给私人，在市场上流通。作为改革开放的领头羊，深圳政府的步伐更为大胆。1986年春天，深圳政府邀请张五常研讨出让土地的可能性，张五常提出：土地的公有权不变，而使用权、收入权及转让权可界定为私有，同时要明确界定使用权的范围。1986年6月，张五常发表文章《出售土地一举三得》。

而张五常也没料到，次年冬天，深圳开启了全国第一块土地举行"公开竞投"的尝试。当时，甚至有人去香港大学找到张五常，问他哪里可以借得一个拍卖时用的木槌。最终，深房集团以525万元的天价拿下了中国首次公开拍卖国有土地的使用权。深房集团在这块土地上建起了深圳东晓花园。新房发售后，不到一小时就卖完了，深房公司净赚近400万元。后来，这个记录时代的木槌也被收藏于深圳博物馆中。

回国后的角色转变，于张五常而言，似乎没那么重要。他对于自己的定位从来都没变："可以这样说，当1982年回港工作时，关于制度运作的知识，如果北京的朋友需要，我是个可以替他们打通经脉的人。但我不是个改革者，不认为自己可以改进世界。另一方面，觉得有责任为中国的青年做些什么。后来以浅白的语言解释制度运作，我的立场是既不领功，也不勉强。只希望很多很多的文字解释放了出去，北京的朋友会考虑，会选择。"

04
张公卖桔

2000年初，有关张五常的批评和争议达到了高峰。

跟踪现实、敢于说话为张五常带来了许多曝光度，媒体一度将他奉为"华人经济学家之首",但他也遭到国内学者批判。经济学理论掌握通透后,张五常喜欢用最简单、最本质的话解释清楚。他写作了一系列畅销散文,在网络上流传甚广。张五常那一头飞舞的白色卷发、古铜色皮肤的标识性长相常见于各门户网站首页。面对高深莫测的经济学,张五常是一批青年的领路人,因其通透、明了而受欢迎。然而,这些成果往往会被主流经济学界看轻。

另外,张五常之个性,不好掩饰,与自省内敛的中国儒家知识分子形象完全不同。在一连串的短文中,张五常畅意所言,不惧一些观点令人惊掉下巴。譬如他提出中国不需要最低工资保障,以及反对新劳动法的言论,都惹来许多批评。

常在公共话语中出现的人物,真性情招惹争议实属正常。然而在时代潮流略微尖锐时,出格的观点便成了靶子。

2004年,11位国内大学教授联名批判张五常,矛头指向张五常提出的"私有产权""国有企业民营化"的改革。

当张五常决意回国跟进中国改革后,这几乎无可避免。况且,狂生之所以是狂生,是因为他本身就不看重这些言论攻击,"我的文章写出来就是任你评的,对我人身攻击没有意思。你说我不行,我不行也无所谓。你厉害过我很容易,你拿篇文章给我看看。"

在张五常的内心,经济学成就的评估不能更原始:"做学问这个行业,论成败,没有什么能比得上一篇重要文章。"文章是理论成果的精华,也是可经受实践、时间考验的呈现。

张五常长期坚持的一个信条是:能够用切实可行的、最简单和本质的原理解释现实现象是重要的。这一点,也贯彻于他的经济学研究之中。张五常在学术研究上大力推崇和践行实证主义研究方法论。科斯曾对他的助手说,经济学里做实证研究的,没有人能超越张五常。张五常自我评价:"作为一个研究价格理论的人,对实证工作好之成癖。"

的确,张五常的学术文章中频繁见到各样的实证样本,他写《蜜蜂的神话》时,三番五次前往农场,自己快成了养蜂专家。研究价格分歧,他带学生在除夕夜街头卖桔子,最终发表了《卖桔者言》,流传甚广。写论文,张五常亦不喜用数学,或者统计数据,"喜欢在街头巷尾跑,对古灵精怪的小现象笔下留神"。

张五常也坚信,经济学解释世界的正确性不亚于自然科学。"只可惜经济学没有人造的实验室,局限的存在及转变只能由经济学者到真实世界考查,不能在实验室内把仪器随意调校。"

而局限条件的寻找,包括如何将理论中的局限条件转换为现实可观察的变量指标,正是考验当今经济学家功力的地方。张五常感叹如今的经济学研究走下坡路:当今经济学者因为在"局限"上不下功夫,经济学在现实世界的研究难以为继,只能转而编织新的概念。

无论是抱着同胞相眷还是走近时代剧变的心态,张五常在跟进中国改革这条线上做了许多事,中国恰似新制度经济学的试验场,张五常过足瘾的同时也不负当时的老师、挚友科斯的期待。

2008年,为答谢科斯组织的中国改革问题研讨会,张五常撰写《中国的经济制度》一文,给出了"中国模式"高增长的原因:县域竞争。张五常的县域竞争理论认为,县与县之间的地方政府相互竞争,是中国过去几十年高速发展最重要的原因。这一观点也是基于合约理论的演化得出的,地方政府与中央政府之间达成的是一种分成合约,明确产权后,地方政府之间会自发竞争。这一观点影响力很大,后来引起了许多经济学家的回应。

除此之外,科斯与张五常共同期待的就是能够在新制度经济学上再度发力,革新经济学的模样。晚年,张五常出版了《经济解释》一书,将通透的解释与精湛的功力相结合。至今,张五常已经八十六岁高龄,仍然笔耕不辍。新冠疫情发生后,遥居一岛的这位老人仍然时时关心中国发生的事情,他写下对中国经济的七点建议。2021年6—7月,他还就中国的高校体制发文,笔锋明了、通透,保持着一贯风格。

如果要探寻张五常对今天中国的意义,可能还得回到产权与合约思想中。他的《卖桔者言》中有这么一段话:"中国在鱼塘养鱼的悠久历史,证明了中国在地产上私产制度的施行,要比欧美早得多——中国在唐、宋期间的富庶,可不是侥幸的。以天然环境而论,鱼塘养鱼的条件怎可能及得上大湖?私产保障的需要很显然将鱼从湖里带到塘中。"

狂生五常,一个有趣的灵魂!

参考文献

[1] 张五常. 五常学经济[M]. 北京:中信出版社,2017.
[2] 张五常. 经济解释[M]. 北京:中信出版社,2015.
[3] 张五常. 卖桔者言[M]. 成都:四川人民出版社,1998.